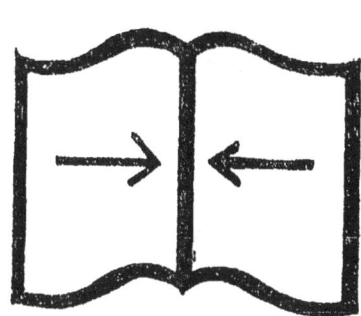

RELIURE SERREE
Absence de marges
intérieures

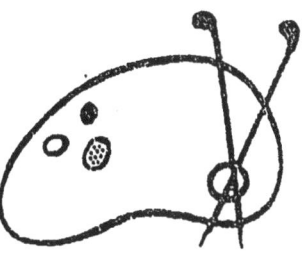

Couvertures supérieure et inférieure
en couleur

VALABLE POUR TOUT OU PARTIE
DU DOCUMENT REPRODUIT

RÉIMPRESSION TEXTUELLE DE L'ÉDITION ORIGINALE

HISTOIRE
SECRÈTE
DES AMOURS
ET
DES PRINCIPAUX AMANTS
DE
CATHERINE II
IMPÉRATRICE DE RUSSIE

PAR

UN AMBASSADEUR DE L'ÉPOQUE

AVEC GRAVURES

DÉGORCE-CADOT, LIBRAIRE-ÉDITEUR

Prix : 3 fr. 50 franco

E. AUREAU — IMPRIMERIE DE LAGNY

UNE

DROLE DE MAISON

EN VENTE A LA MÊME LIBRAIRIE

ŒUVRES DE CH. PAUL DE KOCK

AVEC UNE GRAVURE HORS TEXTE

ÉDITION A **2** FRANCS LE VOLUME

L'Amoureux transi........	1 vol.	Le Petit Bonhomme du coin.	1 vol.
Une Gaillarde.............	2 »	Mon ami Piffard...........	1 »
La Fille aux trois jupons.	1 »	Les Demoiselles de Magasin	2 »
La Dame aux trois corsets.	1 »	Une Drôle de maison.....	1 »
Ce Monsieur..............	1 »	Mme de Monflanquin......	2 »
La Jolie Fille du faubourg.	1 »	Maison Perdaillon et Cie.	1 »
Les Femmes, le Jeu et le Vin...................	1 »	Le Riche Cramoisan....... La Bouquetière du Château-d'Eau.........	1 » 2 »
Cerisette.................	2 »	La Famille Braillard......	2 »
Le Sentier aux Prunes...	1 »	Friquette................	1 »
M. Cherami...............	1 »	La Baronne Bingulskoff..	1 »
M. Choublanc.............	1 »	Un Jeune Homme mysté-	
L'Ane à M. Martin.......	1 »	rieux...................	1 »
Une Femme à trois visages.	2 »	La Petite Lise...........	1 »
La Grappe de groseille...	1 »	La Grande Ville..........	1 »
La Mariée de Fontenay-aux-Roses..............	1 »	La Famille Gogo.......... Le Concierge de la rue du	2 »
L'Amant de la Lune......	3 »	Bac....................	1 »
Papa Beau-Père...........	1 »	Les nouveaux Troubadours.	1 »
La Demoiselle du cinquième................	2 »	Un petit-fils de Cartouche. Sans-Cravate............	1 » 2 »
Carotin..................	1 »	Taquinet le Bossu.......	1 »
La Prairie aux coquelicots....................	2 »	L'Amour qui passe et l'Amour qui vient.........	1 »
Un Mari dont on se moque.	1 »	Madame Saint-Lambert...	1 »
Les Compagnons de la Truffe.................	2 »	Benjamin Godichon........ Paul et son chien........	1 » 1 »
Les Petits Ruisseaux.....	1 »	Les époux Chamoureau...	1 »
Le Professeur Michelaque....................	1 »	Le Millionnaire........... Le petit Isidore..........	1 » 1 »
Les Etuvistes.............	2 »	Flon, Flon, Flon Lariradon-	
L'Homme aux trois culottes..................	1 »	daine.................. Un Monsieur très-tour-	1 »
Madame Pantalon.........	1 »	menté.................	1 »
Madame Tapin............	1 »		

Il a été tiré, de chaque ouvrage, cent exemplaires sur très-beau papier de Hollande, gravure sur chine, à 5 francs le volume

F. Aureau. — Imprimerie de Lagny.

ŒUVRES DE CH.-PAUL DE KOCK

UNE

DROLE DE MAISON

PARIS
A. DEGORCE-CADOT, ÉDITEUR
9, RUE DE VERNEUIL, 9

Tous droits de propriété expressément réservés

UNE
DROLE DE MAISON

I

UN TOUR D'ÉCOLIER

C'était dans une grande maison de la rue Rambuteau; je ne vois pas la nécessité de vous dire le numéro. Le premier était occupé par un monsieur que l'on disait être fort riche, qui n'avait ni femme, ni enfant, et se contentait de la portière pour faire son ménage, ce qui faisait penser aux autres locataires que s'il était riche, comme on le supposait, il fallait qu'il fût bien avare pour ne point avoir de domestiques. Au reste, si on n'avait pas dit cela de ce monsieur, il est bien probable que l'on en aurait dit autre jadis... les entrechats sont passés... mais les entrechats reviendront... J'aurai la gloire de les avoir ressuscités.

Et en attendant que la mode des entrechats soit revenue, Anatole Bizon est fort content d'avoir obtenu une place au Trésor. Il ne gagne encore que quinze cents francs, mais il a de grandes espérances !...

Et qui n'a pas des espérances, depuis le plus petit jusqu'au plus élevé? Sans l'espérance que serait la vie?... que serait la jeunesse? que serait l'amour?

Arrivons à notre troisième jeune homme du quatrième étage. Celui-là se nomme Fanfan Grenouillet; il n'est pas mal bâti, mais il est fort laid de visage; son nez épaté, ses pommettes saillantes et ses petits yeux gris vert, n'ont rien de séduisant; mais il n'a pas l'air bête, et c'est quelque chose à une époque où tant d'hommes cachent cet air-là sous un cigare! Car, ne vous le dissimulez pas, la vogue des cigares et des cigarettes ne vient en grande partie que du besoin que tant d'hommes éprouvent de se faire une physionomie. Grâce à ce petit bout de tabac qu'ils fourrent entre leurs lèvres, ils savent ce qu'ils doivent faire de leur bouche, et, ne vous y trompez pas, c'est par l'expression de la bouche que se trahit presque toujours la bêtise. Avec un cigare, vous n'avez plus à vous en occuper; vous l'ôtez de temps à autre, pour laisser aller la fumée, puis vous le replacez gravement, et vous êtes très-content de vous.

Fanfan Grenouillet n'avait donc pas l'air bête, et en

effet, il ne l'était pas ; sa conversation était amusante; naturellement un peu caustique, il aimait à rire aux dépens des autres, mais nous avons déjà dit que c'était le penchant de l'espèce humaine. Il était venu à Paris pour y faire son droit, mais il préférait faire du théâtre. C'est si attrayant le théâtre, les coulisses, les actrices, les droits d'auteur à toucher; pour un jeune homme qui a l'imagination vive, qui adore le plaisir, on conçoit très bien que cela offre plus d'attrait que *Cujas* et *Barthole !* on se met plus facilement dans la tête une chansonnette en vogue, que les *Pandectes de Justinien !*

Mais ainsi que le dit Petit-Jean dans *les Plaideurs* : « *En toutes choses il faut considérer la fin.* » Si je ne craignais de faire un calembour, je dirais aussi *la faim !* car il faut vivre, et pour cela il faut se créer des moyens d'existence. Fanfan Grenouillet avait vingt-sept ans, et depuis huit ans qu'il était à Paris, il n'avait pour y faire figure que la pension de dix-huit cents francs que lui faisait son père, bon cultivateur de la Beauce, qui commençait à trouver que son fils mettait bien du temps à se faire avocat, et qui lui écrivait toutes les semaines : « Tu ne plaides donc pas ? pourquoi que tu ne plaides pas ? Il ne manque cependant pas d'affaires à Paris, les journaux sont remplis de crimes, de vols, d'assassinats. On en fait partout ! Tâche donc de tomber sur un de ces gens-là, afin qu'il te prenne pour son avocat, son défenseur ; tu parleras beaucoup, ça te posera, ça te fera connaître ; dis tout ce qui te viendra à la tête, quand même tu devrais faire condamner ton client ! le principal, c'est que tu parles beaucoup afin qu'on parle de toi. »

Si les lettres de papa Grenouillet n'avaient pas été affranchies, il est probable que son polisson de fils les aurait laissées à la poste. Mais comme elles ne coûtaient rien, il les prenait; je ne vous assure pas qu'il les lisait entièrement. Puis, au lieu de suivre ses cours, il suivait une jeune femme qu'il croyait reconnaître pour l'avoir vue jouer dans un petit théâtre; il n'était pas timide et entamait tout de suite la conversation en tâchant de dire autre chose que les compliments banals que disent tous les hommes aux femmes qu'ils suivent dans la rue. Comme il n'était pas beau, on pressait le pas sans lui répondre; mais comme il n'était pas bête, on riait quelquefois de ce qu'il disait. Lorsque par hasard il parvenait à faire connaissance, il ne donnait jamais ses véritables noms. Car *Fanfan* n'a rien de romantique et *Grenouillet* n'est pas élégant. Mais il prenait les noms les plus euphoniques, les plus harmonieux, se faisait noble ou tout au moins gentilhomme, et comme il se faisait toujours adresser ses lettres sous le couvert d'Adolphe Durard, avec lequel il logeait, le portier recevait toutes les missives qu'il remettait au jeune Adolphe, et celui-ci disait à son camarade de chambre :

— Est-ce que c'est toi qui t'appelles Arthur de Saint-Berlin?

— Oui... c'est moi.

— Et l'autre jour tu te nommais Ernest de Montenlair ?

— Eh bien, ça prouve que j'ai beaucoup de noms... Qu'est-ce que cela te fait, puisque les lettres sont affranchies ?

— Mais pourquoi te les fais-tu adresser sous mon couvert ?

— Pourquoi? C'est bien facile à comprendre : c'est que le portier ne connaît pas tous les noms qu'il me plaît de prendre, et qu'il dirait au facteur : C'est pas ici ! si la lettre ne portait pas ton adresse.

— C'est juste.

— Tu as compris, c'est heureux.

— Seulement je ne comprends pas pourquoi tu changes de nom si souvent !

— Mon pauvre Adolphe ! si tu étais ce qu'on appelle *un homme à femmes*, tu me comprendrais. Mais en fait d'amour, d'amourettes, d'intrigues, de galanteries, tu n'en es encore qu'à *Annette et Lubin !*... Et franchement je ne crois pas que tu seras jamais un *don Juan !*

— Ce n'est pas ma faute; quand je trouve une femme jolie, je n'ose plus lui parler, ça me trouble !

— Alors, parle à celles qui sont laides, ça t'habituera à causer.

— Oh non ! celles qui sont laides, je n'ai pas du tout envie de leur dire quelque chose. Mais tu m'avais promis, toi, Grenouillet, de me faire faire un jour une petite connaissance.

— Je te le promets encore. Quand j'en aurai de trop, je penserai à toi. En attendant, soigne ta mise, mets ton chapeau sur le côté, donne-toi un air dégagé en marchant, et fourre une cigarette dans ta bouche ; voilà tous les conseils que j'ai à te donner

— Faut-il que je change de noms comme toi ? ça m'est égal, j'en changerai.

— Non... ce n'est pas la peine... D'ailleurs tu te nommes Adolphe, c'est gentil, cela, c'est doux à prononcer... On peut devenir amoureuse d'un Adolphe, mais jamais d'un Fanfan, ni d'un Grenouillet.

Vous connaissez, maintenant, les trois jeunes gens qui habitent le quatrième étage de cette maison de la rue Rambuteau, qui contient encore un dentiste, une sage-femme, un tailleur, une chemisière, deux jeunes ouvrières et un monsieur très-riche qui fait faire son ménage par la portière ; personnages dont je n'ai nullement l'intention de vous faire la biographie... pour le moment du moins.

C'est de nos trois jeunes gens qu'il faut d'abord nous occuper ; car ils sont en cet instant dans une situation très-embarrassante. Il est neuf heures du soir, et l'étudiant... Fanfan Grenouillet, est seul dans l'appartement qu'il occupe en commun avec Adolphe Durard; appartement qui se compose en tout de deux pièces et d'une petite entrée, dans laquelle il n'y a de place que pour une fontaine et une malle, qui au besoin sert de banquette, pour les personnes que l'on fait attendre dans cette espèce d'antichambre.

Grenouillet, vêtu d'un large pantalon à carreaux, fort râpé sur le devant et plus encore par derrière, d'une espèce de paletot brun si court qu'il peut passer aussi pour une veste, et coiffé d'un béret basque dont on ne distingue plus la couleur, se promène à grands pas dans une pièce, puis dans l'autre, va de temps à autre regarder aux fenêtres qui donnent sur la rue, ou entr'ouvrir la porte du carré pour écouter s'il monte quelqu'un, et tout cela en donnant de fréquentes marques d'impatience, en frappant du pied avec colère, puis en s'écriant par moments :

— Mais sapristi! est-ce que personne ne reviendra !.. est-ce qu'ils vont me laisser comme cela jusqu'à minuit à les attendre... à m'impatienter!... Il doit être au moins neuf heures... plus de neuf heures je parie... Ah ! bon !... je porte par habitude la main à mon gousset... et pourtant il y a longtemps que je n'ai plus de montre... Ce n'était qu'un gros oignon en argent... mais elle marchait bien, et mon père m'avait tant recommandé d'en avoir soin !... elle lui venait de son oncle... qui la tenait de sa mère... ça remonte très-haut. Elle n'était pas à la mode.. mais c'est égal, je la regrette ! surtout en ce moment... Ah ! si j'allais demander l'heure chez la chemisière au-dessous ?... il me semble que je la lui ai déjà demandée il n'y a pas longtemps... Allons à la porte en face de la chemisière, sonner chez la sage-femme.. Mais, elle n'est pas aimable avec moi, la sage-femme... c'est peut-être parce que je ne lui ai jamais procuré de dames dans une

1.

position intéressante… Ah! tant pis… risquons-nous… D'ailleurs je ne vois qu'elle à qui je puisse encore m'adresser dans cette maison… le dentiste n'y est jamais le soir, le tailleur pas davantage… les deux petites ouvrières d'au-dessus ne sont pas rentrées, et d'ailleurs je doute fort qu'elles aient une montre l'une ou l'autre… Il y a bien le richard du premier… mais il n'a pas de domestique, il ne doit pas rester chez lui le soir… et puis il a un drôle d'air cet homme-là… le front sombre, l'œil en dessous… il ne reçoit personne… et on dit que c'est superbe chez lui! Mais imbécile! à quoi te sert donc ta fortune… tes beaux meubles… tes beaux tableaux?… Est-ce que ce n'est pas un meurtre de voir de belles choses… des richesses entre les mains d'un ours!… Ah Dieu! si je les avais, moi… comme je saurais en faire usage… les faire circuler… Allons sonner chez madame Pondérant, la sage-femme.

Et Grenouillet courant sur son carré, descend lestement un étage, puis sonne à la porte sur laquelle est une plaque en cuivre avec ces mots : Sage-femme.

On ouvre : c'est madame Pondérant elle-même, une femme de cinquante ans, grande, sèche, jaune, l'air hargneux, le nez bourré de tabac. Elle fait la grimace en reconnaissant son voisin et lui dit d'une voix rauque :

— Qu'est-ce que vous voulez, monsieur?

— Bonsoir, madame Pondérant, et cette santé… ça va toujours bien?…

— Oui, monsieur, je vais très-bien... après?

— Moi, je ne me porte pas mal... cependant j'ai quelquefois... le soir surtout, des démangeaisons entre les deux épaules; c'est bien gênant quand on veut se gratter...

— Est-ce que c'est pour me dire tout cela que vous êtes venu sonner chez moi, monsieur?

— Non pas précisément... cependant comme vous êtes très-savante... car les sages-femmes sont presque des médecins... je pensais...

— Non, monsieur, je ne donne pas de consultations... adressez-vous ailleurs...

Et madame Pondérant fait un mouvement pour refermer sa porte, mais le jeune homme l'en empêche en s'appuyant dessus :

— Permettez, madame Pondérant, j'ai autre chose à vous dire... il faut que vous sachiez que j'ai perdu la grande aiguille de ma montre...

— Qu'est-ce que cela me fait à moi, que vous ayez perdu votre aiguille !...

— Je sais bien que cela ne vous intéresse pas positivement... mais vous allez voir la conséquence de cet incident... car tout se tient dans la vie !...

— Monsieur, vous me tenez trop longtemps à la porte !...

— Madame, ayant perdu ma grande aiguille, vous devez comprendre qu'il m'est absolument impossible de voir l'heure à ma belle montre de Leroi, et je viens solliciter de vous la bonté de me renseigner là-dessus...

— Et c'est pour savoir l'heure que vous êtes venu sonner le soir chez moi ! Vous êtes encore pas mal sans gêne... me déranger dans mes occupations les plus intéressantes !

— Est-ce que vous étiez en train de faire un enfant, madame Pondérant ?

— Pas de mauvaise plaisanterie, monsieur !...

— Je ne plaisante pas, puisque c'est votre état.

— Je les aide à venir au monde, monsieur, mais je ne les fais pas... Dieu merci !

— Dieu merci ! me semble bien méchant, madame Pondérant.

— Voyons, monsieur, finissons-en !

— Eh bien, chère voisine, veuillez me dire l'heure et je vous laisse...

— Je n'en sais rien ! ma montre est arrêtée...

— Et votre pendule ?... vous devez avoir au moins une pendule...

— Les mouvements sont cassés...

— Votre cadran solaire alors ? car vous ne pouvez pas être sans cadran solaire...

— En voilà assez, vous m'ennuyez, fichez-moi la paix !...

Cette fois, la sage-femme a repoussé sa porte avec tant de force qu'elle se ferme brusquement et froisse même un peu le nez de Grenouillet, qui est furieux, et se tâte le nez en murmurant :

— Ah! c'est comme cela!... ah! on me met à la porte, au risque de briser mon aquilin... je n'ai pas le nez aquilin, mais ça ne fait rien... ah! madame Pondérant! vous me payerez cette insulte... il faut que je me venge...

Et après avoir médité quelques instants, le jeune étudiant sourit, se frappe le front et se dit :

— Tiens, c'est une idée cela... et pas mauvaise!... Il faut l'exécuter sur-le-champ... Voyons, ai-je un couteau dans mon paletot?... Oui... j'ai mon eustache, dont la lame n'est pas de Tolède, mais qui est bien suffisante pour étaler sur mon pain du fromage de Brie... déjeuner que je fais trop souvent, hélas!... Cette lame doit pouvoir me suffire, n'ayant pas la moindre intention meurtrière... Il s'agit seulement d'enlever cette plaque de cuivre sur laquelle sont gravés ces mots : Sage-femme... ça ne doit pas tenir beaucoup... et en glissant ma lame de couteau entre le bois et le cuivre, je l'aurai... Oui, ça vient... les clous avec... ça ne tenait pas beaucoup... ça ne demandait qu'à s'en aller...

Et Grenouillet tenant la plaque dans sa main, cherche dans sa tête avec quelle autre il pourra la changer. En face de madame Pondérant loge la chemisière, mais elle n'a pas de plaque, son nom est seulement écrit en noir sur sa porte. Bientôt le jeune homme se frappe de nouveau le front, part d'un éclat de rire, et descend vivement un étage en se disant :

« Le dentiste... il a une plaque... Oh! le dentiste!

ce sera ravissant, et demain nous aurons dans la maison des scènes du plus haut comique ! Oh ! certainement je ne sortirai pas demain matin et j'aurai l'oreille au guet pour entendre ces scènes-là. »

Grenouillet attaque avec son couteau la plaque du dentiste. Celle-ci est plus difficile à enlever, mais il y parvient cependant. Il s'agit ensuite de faire tenir à sa place l'enseigne de la sage-femme ; il a heureusement conservé les clous qui sont venus avec la plaque, et la fait tenir tant bien que mal, en se disant :

— Pourvu que cela tienne jusqu'à demain, je n'en demande pas davantage. Il recommence ensuite la même opération sur la porte de madame Pondérant, en y mettant la plaque du dentiste. Lorsqu'il a terminé ce travail, il remonte à son quatrième en se frottant les mains, en riant comme un fou. Puis il entend monter l'escalier, reconnaît la voix d'Anatole Bizon qui fredonne toujours en montant et s'écrie :

— Enfin ! en voilà un qui arrive... ce n'est pas malheureux !

II

L'UNION FAIT LE COSTUME

Le jeune et gros Anatole pousse un : Ouf! en arrivant sur le carré du quatrième.

— Sapristi! ces étages sont haut!.. Cela pourrait passer pour un sixième.

— Surtout pour toi qui prends du ventre...

— Fanfan, je t'ai prié déjà plusieurs fois de ne jamais me parler de mon ventre...

— C'est juste! il te parlera bien tout seul...

— Qu'est-ce que tu faisais sur le carré?...

— Je préparais un léger divertissement pour madame Pondérant, qui m'a fermé sa porte sur le nez en refusant de me dire l'heure... Je te conterai cela plus tard, arrivons à ce qui nous intéresse. As-tu réussi à trouver un pantalon noir et un gilet *idem?*...

— Je n'ai réussi à rien... les amis qui auraient pu m'obliger sont absents... impossible de mettre la main sur un seul...

— Et de l'argent?... Avec de l'argent on trouve tout faits les vêtements dont on a besoin...

— Parbleu! je le sais bien! mais je n'en ai pas, d'argent! Il me restait une dernière pièce de cinq francs en or... ces jolies petites pièces qui tiennent si peu de place;... je me suis acheté une belle paire de gants paille en vrai chevreau... parce que, pour aller au bal, il faut des gants frais... Je ne possède donc plus que un franc cinquante... et je ne toucherai mes appointements qu'à la fin du mois... nous ne sommes qu'au 20! Heureusement j'ai crédit chez un restaurateur... je pourrais dire gargotier, mais j'aime mieux dire restaurateur.

— C'était bien la peine de dépenser trois francs dix sous pour t'acheter des gants, car enfin nous ne pourrons pas y aller à ce bal où nous sommes invités tous les trois... à moins que Durard n'ait été plus heureux que toi et qu'il ne nous rapporte des fonds... Mais j'avoue que je n'y compte guère!..

Anatole se laisse aller sur un vieux fauteuil bergère qui orne l'appartement de ses deux amis; le fauteuil craque si fortement, que Grenouillet s'écrie:

— Allons, bon! il va casser nos meubles à présent!... Ménage notre mobilier, je t'en prie...

— D'où te vient cette antiquaille, Grenouillet?

— Je n'en sais rien, il est à Adolphe, je crois qu'il en a hérité d'une tante...

— S'il valait vingt francs, j'aurais acheté un pantalon avec... mais il ne vaut pas vingt sous... J'ai envie de le découdre ; il y a peut-être des billets de banque dans la doublure... ça s'est vu, cela !

— Oui, mais il n'y a rien dans celui-là... j'y ai déjà regardé. C'est égal, notre position est originale... Il y a un vaudeville à faire là-dessus !... Notre propriétaire, madame Tournesol, femme très-aimable, veuve... sur le retour... mais un très-joli retour, et extrêmement riche, car, outre cette maison, dans laquelle elle ne loge pas, elle en possède encore plusieurs autres sur le pavé de Paris, donne ce soir chez elle, dans la maison qu'elle habite rue de Rivoli, un grand bal auquel elle a bien voulu nous inviter tous les trois... Adolphe en étant. Cette dame, bien loin de ressembler à ces propriétaires voraces que l'on a, à juste titre, surnommés des *vautours !* est extrêmement aimable, bonne, indulgente avec ses locataires; bien loin d'exiger de l'exactitude pour le payement de ses loyers, jamais elle ne demande de l'argent, quand par hasard nous lui en portons... et j'appuie sur par hasard... car cela ne nous arrive pas souvent! elle s'écrie : Quoi ! vous venez pour cela?... Eh ! mon Dieu, il ne fallait pas vous presser... les jeunes gens ont toujours besoin d'argent, il ne fallait pas vous gêner... j'ai bien le moyen d'attendre !... Et mille choses dans ce genre-là... ce qui me fait dire, avec raison, que nous avons une propriétaire modèle, rare dans son espèce... *rara avis!* Aussi, à moins d'événement que l'on ne peut prévoir, je me propose bien de ne jamais déménager... Et toi, Anatole, je présume que tu es dans les mêmes intentions?

— Assurément! quoique je ne pense pas que madame Tournesol soit aussi bonne pour tous ses locataires qu'elle l'est avec nous!... Mais, écoute donc, mon cher, notre propriétaire, malgré ses quarante-huit ans... elle doit bien avoir cela... est encore coquette, elle a un faible pour les jeunes gens... Moi, quand je la regarde d'une certaine façon, elle fait des petites mines si drôles...

— Bon! tu crois déjà que tu lui as donné dans l'œil... Quel fat que ce Bizon!

— Qu'y aurait-il là d'extraordinaire? Ce n'est pas ce nigaud d'Adolphe qui aurait fait sa conquête... Ce n'est pas toi avec ton nez camard...

— Si tu te moques de mon nez, je vais tomber sur ton ventre... Enfin si la propriétaire a un faible pour toi, comment se fait-il qu'elle ait pour moi et Adolphe la même bonté relativement à nos loyers?...

— Parce qu'elle sait que vous êtes mes amis, et elle pense m'être agréable en agissant ainsi.

— Tu es charmant!... D'honneur, mon gros Anatole, tu es à mettre sous cloche!... Tu voudrais peut-être aussi nous faire accroire que c'est à toi que nous devons nos termes... Ah! elle est bonne celle-là!..

— Tu exagères sur tout ce qu'on te dit, Grenouillet!

— Enfin, ce qu'il y a de certain, c'est que madame Tournesol nous a invités à son bal tous les trois, et de la façon la plus aimable, la plus gracieuse, en ajoutant : Je compte sur vous, messieurs, et je vous en voudrais beaucoup si vous ne veniez pas...

— Oui, c'est vrai, elle a dit cela... mais elle ne se doute pas qu'il nous manque à chacun un costume de bal complet... habit, pantalon, gilet noir... cravate blanche... enfin tout ce qu'il faut pour se présenter dans une belle réunion...

— Et pourtant, il faut que nous allions à ce bal... il le faut... sans quoi cela fâchera notre propriétaire, avec laquelle nous tenons tant à être en bonnes relations...

— Sans compter qu'il y aura certainement un souper à ce bal... car madame Tournesol doit bien faire les choses... et je n'ai qu'un habit et des gants...

— Moi un gilet et une cravate...

— Et Adolphe le pantalon!...

— C'est désolant!...

— C'est désespérant!...

— Ah! j'entends Adolphe qui monte, il a peut-être trouvé de l'argent!...

— Me voilà, messieurs, dit Adolphe en entrant et courant se jeter sur une chaise. Ah! je n'en puis plus!... Ai-je trimé!... je suis sûr que j'ai fait plus de deux lieues depuis mon dîner...

— Enfin si tu n'as pas inutilement trimé... comme tu dis fort élégamment...?

— J'ai été trouver tous mes camarades du magasin... je sais où ils vont les soirs... mais pas un n'avait des fonds à me prêter... Il y en a un qui m'a bien offert dix francs, mais je les ai refusés ; qu'aurions-nous fait avec dix francs?... cela ne pouvait pas nous habiller tous les trois...

— C'est égal, il fallait toujours les prendre ! Enfin?

— Heureusement, je me suis rappelé mon cousin le courtier marron... un excellent garçon et qui est à son aise... il fait de bonnes affaires...

— Ah! bravo!... tu vas chez lui...

— Il allait sortir, mais j'arrive à temps et je le trouve... comme c'est heureux!...

— Et il t'a prêté de l'argent!... Victoire !

— Attendez donc! je lui dis que j'ai besoin de cinquante écus... et qu'il me rendra un grand service en me les prêtant... Il me tend la main, et me la presse en me disant : « Volontiers, petit cousin, volontiers, tu as très-bien fait de t'adresser à moi, tu auras tes cent cinquante francs. »

— Ah ! le charmant cousin !...

— Ah ! la perle des cousins !...

— Et tu apportes les fonds?...

— Attendez donc! Mon cousin ajoute : « Seulement mon ami, je ne puis pas te donner cela ce soir, je n'ai pas le sou, mais reviens lundi... dans quatre jours, et je te donnerai tout de suite la somme... » Et voilà tout ce que j'ai trouvé...

Grenouillet se tape sur les cuisses avec colère, Bizon saute sur le vieux fauteuil, dont cette fois il brise les pieds de devant, et tous deux s'écrient :

— Ah ! le scélérat !...
— Ah ! pendard d'Adolphe !...
— Il nous apporte une promesse d'argent pour dans quatre jours, quand nous attendons après, ce soir, pour nous mettre en état d'aller au bal !...
— Que le diable t'emporte avec ton courtier marron !... Il nous fait bonne bouche... et puis rien !
— Que voulez-vous, messieurs ? ce n'est pas ma faute à moi... j'ai fait tout ce que j'ai pu... Certainement si Beaurenard avait eu de l'argent chez lui, il m'en aurait donné...
— Et moi je te parie que lundi ton cousin Beaurenard ne sera pas chez lui quand tu t'y présenteras...
— Ah ! il s'appelle Beaurenard, ton cousin ?... alors il s'est moqué de toi...
— Et il nous faudra manquer le bal de madame Tournesol, notre aimable propriétaire !...
— C'est désolant ! car à coup sûr il y aura un souper.

Les trois jeunes gens sont très-vexés; ils demeurent quelque temps plongés dans leurs réflexions. Mais tout à coup, Grenouillet pousse un cri de joie, se frappe sur le front et s'écrie :

— J'ai trouvé le moyen, messieurs ; félicitez-vous d'avoir un ami inventif... nous irons au bal de notre propriétaire...

— Tous les trois?

— Tous les trois... mais pas ensemble, par exemple!... Écoutez mon plan : aucun de nous ne possède le costume entier pour se présenter dans un bal ; mais en réunissant ce que chacun de nous possède, nous pouvons faire l'habillement complet ; nous allons donc mettre ensemble : le pantalon neuf d'Adolphe, l'habit et les gants d'Anatole, et enfin mon gilet et ma cravate blanche... l'un de nous mettra tout cela, et se rendra sous ce costume irréprochable chez madame Tournesol... Heureusement c'est près d'ici, en sept minutes, à pied, il peut y être; il passera deux heures au bal... pas une minute de plus ! puis reviendra ici donner son costume complet ; un autre le mettra, et se rendra à son tour chez notre propriétaire. Le second restera deux heures au bal, comme le premier, puis il reviendra, et le troisième partira à son tour... De cette façon nous aurons été au bal tous les trois. Eh bien, messieurs, que dites-vous de mon idée ?

— Tiens ! mais elle est assez drôle ! dit Anatole.

— Moi, dit le jeune Adolphe, je la trouve mirobolante... ravissante !...

— Oui... seulement celui qui ira le dernier sera du souper, tandis que les autres...

— Les autres auront des glaces, des sirops, du petit four... D'ailleurs nous ne sommes pas absolument sûrs qu'il y aura un souper.. Voyez si vous trouvez mieux...

— Non, non, décidément l'idée est très-bonne... Mais qui est-ce qui commencera à aller au bal?...

— Comme ceci pourrait donner lieu à de longs débats, il faut que le sort en décide. Je vais écrire sur trois petits carrés de papier les chiffres 1, 2 et 3, et nous tirerons au sort dans un chapeau. Naturellement nous suivrons ensuite l'ordre des numéros...

— Bravo! bien imaginé... le sort en décidera... Écris tout de suite les numéros et tirons notre petite tombola dansante, il ne faut pas perdre de temps! voilà qu'il est dix heures et demie... le temps de s'habiller... Il ne faut pas que le premier parte plus tard que onze heures.

Grenouillet taille trois petits carrés de papier bien égaux. Il met dessus les chiffres 1, 2 et 3, puis il les roule avec soin, les jette dans le fond d'un chapeau, et dit :

— Tirons, messieurs... fermons les yeux... d'ailleurs il n'y a pas moyen de tricher...

Les trois amis mettent la main dans le chapeau. Anatole amène le 2, Adolphe le 1, et Grenouillet le 3.

— Heureux Grenouillet! c'est lui qui sera du souper! dit Anatole.

— Ma foi, messieurs, c'est bien le hasard. D'ailleurs vous avez tiré les premiers, c'est vous qui m'avez laissé ce numéro-là.

— N'importe... c'est Adolphe qui part le premier... Allons, cher ami, vite à ta toilette... je vais te chercher mon bel habit... Quant aux gants... il me semble que tu en as encore une paire très-présentable ?

— Oui, je les ai nettoyés moi-même, il y a huit jours, avec du savon de Panama... cette nouvelle découverte qui nettoie tout ! qui enlève les taches... Invention *Rozière*, de Romainville...

— Très-bien, alors je garde mes gants...

— Tu me les prêteras à moi, dit Grenouillet, car je n'en ai pas...

— C'est dommage ! mais enfin... c'est dans les conventions.

Le jeune Adolphe s'habille très-promptement, ses deux amis l'aident à qui mieux mieux, car ils ont hâte de le voir partir, afin qu'il ait plus vite fait ses deux heures. L'habit du dodu Anatole se trouve être beaucoup trop large pour le maigre employé en nouveautés. Il danse dedans. Mais Grenouillet lui dit :

— Cela fait voir que tu n'as pas pleuré pour te donner un habit... tu es un jeune homme à ton aise ! tu es bien heureux.

Enfin la toilette étant terminée, on entend sonner onze heures à l'église voisine. Alors Anatole et Grenouillet poussent Adolphe dehors, en lui criant :

— Hâte-toi, prends des glaces, mange beaucoup de gâteaux... mais songe qu'il faut que tu sois de retour ici à une heure précise...

— Oh ! messieurs, n'ayez pas de crainte... Vous

savez que l'on peut se fier à moi... Ah! à propos! si madame Tournesol me demande pourquoi vous n'êtes pas venus avec moi?

— Tu diras que nous te suivons... que nous attendons une voiture... qu'elles sont très-rares sur la place!

LE BAL DE LA PROPRIÉTAIRE

Cette propriétaire modèle, qui ne demandait jamais d'argent à ses locataires, occupait un fort bel appartement au second étage, dans une de ses maisons, située rue Rivoli. N'ayant pas la stupidité de ces riches avares qui possèdent plusieurs hôtels et vont se loger au fond d'un trou, afin de tirer parti de tous leurs locaux, madame Tournesol s'était logée de façon à pouvoir se faire honneur de sa fortune. Ses salons étaient vastes et très-richement décorés ; on y sentait le vrai bien-être de ces gens qui savent bien vivre, et qui ne craignent pas que des créanciers ou des huissiers viennent troubler les fêtes qu'ils donnent ; désagrément qui est arrivé dans plus d'une brillante réunion.

Enrichie par le commerce de bois auquel se livrait son mari, madame Tournesol avait l'esprit de ne point se croire une grande dame, parce qu'elle était restée veuve avec quatre-vingt mille francs de rente. Sa seule faiblesse avait été d'élever sa fille comme si elle descendait de Godefroi de Bouillon.

Mademoiselle Mélina avait eu tous les maîtres, ce qui ne lui avait pas laissé le temps de devenir forte dans un art quelconque. On la mettait toujours dans du coton, ce qui lui avait fait une santé frêle, délicate, qui ne pouvait supporter la moindre fatigue. Enfin on tenait à satisfaire tous ses désirs, tous ses caprices ; c'est pourquoi cette demoiselle, n'ayant plus rien à désirer, bâillait et s'ennuyait une grande partie de la journée. Désolée de voir bâiller sa fille, dès qu'elle eut atteint ses dix-sept ans, madame Tournesol lui demanda si cela l'amuserait de se marier ; et mademoiselle Mélina qui, comme toutes les personnes de son âge, ne vit dans le mariage que de belles toilettes, une grande cérémonie et un bal, répondit :

— Ah ! oui, maman, je veux bien me marier, ce doit être amusant !...

La maman aurait dû lui répondre :

— Pas toujours !

Mais au lieu de cela elle regarda sa fille dans les yeux en lui disant :

— As-tu du penchant pour quelqu'un ?

— Du penchant ? mon Dieu non !.. pas plus pour l'un que pour l'autre.

— Tant mieux, alors laisse-moi le soin de te choisir un mari digne de toi...

— Mais je veux qu'il soit joli garçon!

— Oh! cela va sans dire.

— Et puis qu'il soit brun, maman, j'aime mieux les bruns que les blonds.

— Tu fais bien de me dire cela. Sois tranquille! tu es très-gentille... très-mignonne... tu as tous les talents et une dot superbe, ce qui fait que tu pourrais même te passer de talents... Je veux te trouver quelqu'un qui, en te donnant le bras, fera dire : Ah! voilà un joli couple!

— Oh! oui, maman, il faut qu'on dise cela; alors je me promènerai souvent avec mon mari.

Au bout de quelques jours, madame Tournesol vint dire à sa fille :

— Que penses-tu de M. Arthur Delval?...

— Mais il est très-bien... il est brun!

— Tout ce qu'il y a plus brun!... Vingt-sept ans, jolie fortune, pas si belle que la tienne, mais vingt-cinq mille francs de rente et de grandes espérances! C'est un jeune homme très-bien posé, il est à peu près noble et il a la promesse de devenir un jour auditeur!

— Qu'est-ce que c'est que cela, auditeur, maman?

— Mais, ma fille, c'est... attends donc... auditeur, c'est quelqu'un qui écoute ce qu'on dit!

— Et c'est un bel emploi cela? Mais est-ce que tout le monde n'écoute pas ce qu'on dit?...

— Mais, ma fille, un auditeur écoute ce qui se dit au conseil d'État!

— Au conseil d'État! oh! c'est bien différent! Et mon mari m'emmènera-t-il y écouter avec lui?...

— Je ne crois pas, ma chère amie, que ce soit l'usage... mais enfin ton mari sera dans les grandeurs, dans les honneurs, et cela rejaillira sur toi... tu seras reçue dans les plus belles sociétés...

— Maman, c'est assez; je consens à épouser M. Delval.

Six semaines après cette conversation on célébrait le mariage de mademoiselle Mélina Tournesol avec M. Arthur Delval. Et c'est deux ans après cette union que madame Tournesol donnait ce bal, auquel elle avait convié ses trois jeunes locataires de la rue Rambuteau.

En perdant son titre de demoiselle, la mignonne Mélina était restée aussi vaporeuse, aussi frêle, aussi délicate qu'avant son mariage; on assurait même qu'elle bâillait encore plus depuis qu'elle était mariée! Cependant son mari était un fort joli garçon, suivant exactement les modes, et aimant sa femme autant qu'il convient à un sportman. Seulement il avait renoncé à devenir auditeur et s'était contenté de s'associer à un agent de change, ce qui lui permettait de se rendre tous les jours au bois et de s'occuper beaucoup de ses chevaux.

Les amis d'Arthur et sa société habituelle étaient naturellement plus distingués que celle de la veuve du marchand de bois; mais sous une toilette élégante, riche, tout ce monde fusionnait assez bien. Le bal était donc fort beau et commençait à réunir un grand nombre de jolies femmes, lorsque Adolphe Durard y fait modestement son entrée; il ne peut se défendre d'une certaine timidité en se trouvant au milieu de ce monde brillant et dans ces salons resplendissants de lumières; son habit, dans lequel il ballotte, ne contribue pas peu à augmenter son embarras. Mais madame Tournesol s'empresse d'aller au-devant de lui.

— Bonsoir, monsieur Durard...
— Madame, j'ai bien l'honneur...
— Eh bien, où sont donc vos deux amis, messieurs Bizon et Grenouillet?
— Madame, ils me suivent... ils vont venir... ce sont les voitures qui les retiennent...
— Ah! maintenant on a pris l'habitude de venir au bal trop tard... Croiriez-vous que ma fille et son mari ne sont pas encore arrivés?
— Oui, madame, ce sont sans doute les voitures qu'on ne trouve pas...
— Mais puisqu'ils ont la leur... ils n'ont pas à en faire chercher! Non, c'est une mode maintenant... on ne veut plus arriver avant minuit... cela n'a pas le sens commun!

Adolphe se contente de s'incliner en se disant :
— Et Grenouillet qui n'arrivera qu'à trois heures du matin!
— Vous dansez, n'est-ce pas, monsieur Durard?

— Oui, madame... tant que l'on veut... j'aime la danse.

— A la bonne heure! Vous n'êtes pas de ces jeunes gens qui préfèrent les cartes, qui ne songent qu'à jouer...

— O madame, il n'y a pas de danger que je joue...

— Eh bien, invitez une dame... Oh! je ne manque pas de danseuses... Mon Dieu, que cela m'impatiente de ne pas voir arriver ma fille!...

— Madame, ce sont les voitures...

Mais heureusement pour le jeune employé du commerce, madame Tournesol l'a déjà quitté et n'entend pas ce qu'il lui répond. Pour se conformer aux désirs de sa propriétaire, Adolphe s'empresse d'aller inviter une dame pour la contredanse. On l'accepte et il se met en place, tout en regardant ses gants, qui ne sont pas aussi propres qu'il l'avait cru, et ne font pas un très-bon effet au milieu d'une société qui est fraîchement gantée. Heureusement pour lui, sa danseuse est une jeune fille qui s'occupe plus de sa toilette que de son cavalier, et s'inquiète à chaque instant d'une rose qui ne veut pas tenir sur sa tête, et menace par moments de tomber sur son nez.

Cependant lorsque le maigre Adolphe essaye de sauter en galopant, l'air pénètre sous son habit qui ne lui tient pas au corps, et cela forme sur son dos des flots qui ne font pas bon effet. Déjà plusieurs de ces jeunes gens qui ne dansent pas et se bornent à regarder danser les autres, avaient dit à demi-voix :

— Regardez donc l'habit de ce monsieur qui lui fait des bosses quand il saute.

— Mais ce n'est pas un habit, c'est un sac que ce jeune homme a sur lui.

— Il a probablement l'espoir d'engraisser.

— C'est égal, je ne lui demanderai pas l'adresse de son tailleur.

Après le quadrille, le pauvre Adolphe se risque dans une polka, puis dans une mazurka. Mais déjà plusieurs fois il a entendu murmurer à son oreille :

— Voilà le sac qui danse... il est amusant à regarder.

Adolphe feint de ne pas entendre, mais il est mal à son aise et ne se console qu'en se bourrant de gâteaux et en avalant un verre de sirop ou de punch chaque fois qu'un plateau passe près de lui.

Madame Tournesol est revenue plusieurs fois lui dire :

— Eh bien ? vos deux amis n'arrivent pas ? qu'est-ce que cela signifie ?

— Madame, c'est que sans doute ils ne trouvent point de voiture...

— Eh mon Dieu ! vous demeurez à deux pas... des jeunes gens, on vient à pied !

— C'est juste... c'est ce que j'ai fait, moi, madame.

Sur les minuit et demi, la vaporeuse Mélina fait son entrée dans le bal avec son mari. La jeune femme toute couverte de crêpe, de dentelles, de fleurs, ressemble à une sylphide, à une fille de l'air. Madame

Tournesol s'empresse d'aller embrasser sa fille, en s'écriant :

— Enfin te voilà !... Ah ! que c'est vilain de venir si tard !...

— Mais, il n'est pas tard, maman, Arthur a dit que nous arriverions encore trop tôt...

— Il est aimable, ton mari ! Est-ce qu'on traite sa mère avec cérémonie !

— Mais, maman, il faut bien se conformer aux usages du grand monde... Ah ! je suis déjà fatiguée !

— Fatiguée ! mais tu arrives et tu n'as pas encore dansé !...

— C'est égal... je ne sais pas si je danserai !

— Ce serait joli ! Tous ces jeunes gens qui t'attendaient avec impatience... qui brûlent du désir de danser avec toi !... Ah ! Mélina, tu ne me feras pas ce chagrin-là ! Je donne un bal pour toi, et tu n'y danserais pas !... de quoi cela aurait-il l'air.

— Maman, dans le beau monde, on fait ce qu'on veut et on ne s'inquiète pas de l'air que cela peut avoir.

En ce moment, le fashionable Arthur qui a déjà fait le tour des salons et passé en revue la société, revient près de sa femme et lui dit :

— Ma chère amie, si ce jeune homme qui est dans un sac vient t'inviter à danser, j'espère bien que tu le refuseras... je ne veux pas que tu danses avec lui, entends-tu bien ? je ne le veux pas !

— Mais de quel monsieur veux-tu donc parler ?...

— De celui qui est là-bas... contre la fenêtre... je crois qu'il a envie de se cacher sous les rideaux, il ferait bien. Où diable ta mère a-t-elle déniché cela?...
— Je crois que c'est un de ses locataires.
— Pourquoi n'invite-t-elle pas son portier, tandis qu'elle est en train?...
— Ah! mon ami, comme vous traitez les locataires de maman!
— Je les estime beaucoup quand ils payent leur terme, mais quand ils sont vêtus comme ce monsieur, je prétends qu'on doit les laisser chez eux. Parmi ses locataires, ta mère n'a-t-elle pas M. Dauberton?
— Je n'en sais rien, mon ami; est-ce que je connaissais les locataires de ses maisons, moi! Demandez-le à maman.

Madame Tournesol, qui ne cessait pas d'aller et venir dans ses salons, veillant surtout à ce qu'on fît danser les demoiselles qui n'avaient pas de chance et faisaient trop longtemps tapisserie, venait de passer près d'Adolphe, qui lui avait dit :

— Madame, puis-je me permettte d'inviter madame votre fille pour la danse?

— Mais certainement, mon cher ami, vous le pouvez, cela me fera même plaisir, car je veux qu'elle danse, je tiens beaucoup à ce qu'elle danse... Elle se dit déjà fatiguée, mais une fois en train, je suis sûre que cela ira tout seul. Allez, et si elle se dit fatiguée, insistez, ne perdez pas courage.

Fier de cette recommandation, Adolphe se dirige

vers madame Delval ; il s'incline profondément devant elle, en murmurant :

— Madame veut-elle me faire l'honneur de m'accepter pour la première contredanse ?

La jolie Mélina aurait peut-être accepté, car le jeune homme avait l'air si doux, si timide, que cela prévenait en sa faveur, mais son mari est là, qui lui lance un regard expressif, et elle répond :

— Monsieur, je vous remercie, mais je suis encore fatiguée, je ne danserai pas maintenant...

— Ah ! madame... ce serait dommage... madame votre mère tient beaucoup à ce que vous dansiez... et moi-même je serais si heureux de...

— Ma femme vous a refusé, monsieur ! dit Arthur d'un ton fort sec, il me semble que cela doit vous suffire. Je trouve fort singulier que vous insistiez !... Si vous voulez d'autres raisons de son refus, je vous en donnerai, moi.

— Non, monsieur, oh ! ce n'est pas la peine !...

Adolphe s'éloigne à reculons et rencontre madame Tournesol, à laquelle il dit tristement :

— Refusé ! repoussé avec perte. Je crois que son mari ne veut pas qu'elle danse !...

Madame Tournesol s'empresse d'aller à sa fille et lui dit :

— Pourquoi donc as-tu refusé de danser avec mon jeune locataire Adolphe Durard ?... il est pourtant bien gentil !

— Madame, c'est moi qui ai défendu à ma femme

de danser avec ce monsieur qui a des gants sales et un habit qui ne lui tient pas au dos. Je suis sûr qu'il le perdra tout à l'heure en dansant.

— Mon Dieu, mon gendre, vous êtes trop exigeant pour la toilette... des gants peuvent se salir vite ! Ce jeune homme est en noir... son habit a l'air tout neuf, que voulez-vous de mieux?...

— Je gagerais que cet habit-là n'a jamais été fait pour lui. Vous avez des locataires qui vous feraient plus d'honneur que celui-ci... M. Dauberton ne loge-t-il pas dans votre maison de la rue Rambuteau?

— Oui, depuis six mois.

— Voilà un homme qu'on peut recevoir... Il est fort riche, du moins je dois le croire, car je suis son agent de change ; il a dernièrement encore acheté du Crédit foncier et du Nord pour une somme considérable... et il achète toujours au comptant... Pourquoi donc ne le vois-je point à votre bal?

— Je l'ai invité, mais ce M. Dauberton, qui n'a pas l'air très-aimable, m'a répondu : « Je vous remercie madame, mais je ne vais plus au bal ! » ... Mélina, je veux que tu danses... ou je t'en voudrai beaucoup.

— Calmez-vous, belle maman... je vais danser celle-ci avec ma femme, afin que votre gentil locataire voie bien que c'est avec lui qu'on n'a pas voulu danser.

— Ah ! que vous êtes méchant, mon gendre, que vous êtes méchant !... C'est égal, faites danser ma fille, ça me fera plaisir.

Le jeune Adolphe, tout honteux de l'échec qu'il vient d'éprouver, et comprenant, en voyant danser la jolie Mélina, que c'est un affront qu'on lui fait, se décide alors à quitter le bal, bien qu'il ne soit que une heure moins un quart et que, par les conventions arrêtées avec ses amis, il ait encore le droit d'y rester un quart d'heure. Il quitte vivement le salon où l'on danse, s'arrête un moment dans une autre pièce, y saisit une glace en forme de poire, la met presque tout entière dans sa bouche, avale un verre d'orgeat pour la faire couler et gagne l'escalier en se disant :

— Je n'irai plus au bal avec un habit qui ne sera pas fait pour moi.

IV

LE NUMÉRO 2 AU BAL

— Ah! bravo! voilà un garçon de parole! s'écrie Anatole en voyant revenir Adolphe.

— Il est même de dix minutes en avance, dit Grenouillet, car l'heure n'a point sonné... Tu ne t'es donc pas amusé au bal, Adolphe?

— Si fait... c'est-à-dire pas trop... c'est ce diable d'habit qui m'a causé du désagrément : j'entendais sans cesse murmurer à mes oreilles : Il est dans un sac! il va perdre son habit en dansant... Ça m'agaçait. Et puis mes gants ne sont pas aussi propres que je le croyais; ils ne brillaient pas au milieu de tous ces messieurs tirés à quatre épingles.

— T'es-tu bien bourré de gâteaux au moins?

— On ne servait que du petit-four sec... j'aurais préféré du baba ou de la brioche...

— Tant mieux ! c'est qu'il y aura un souper ! s'écrie Grenouillet en se frottant les mains !

Et le gros Anatole sourit avec malice et semble se dire : S'il y en a un, il ne sera pas pour toi.

— Voyons, Adolphe, déshabille-toi bien vite... que je revête le superbe costume... Tu vas voir comme il fera bien sur moi... qui ai des gants tout neufs !... et comme mon habit est beau quand il est bien porté.

Le pauvre commis en nouveautés a bientôt mis à bas toutes les pièces de sa toilette, tandis que le gros Anatole, qui s'est déjà mis en bannière, saute sur le pantalon en disant :

— Vous permettez que je m'habille chez vous, messieurs? ce sera plus vite fait que si je retournais chez moi.

— Parbleu, tu peux bien t'habiller même sur le carré, si cela te fait plaisir...

— Ah ! Grenouillet ! que dis-tu là !... et la décence !

— A l'heure qu'il est, ne crois-tu pas qu'il passe du monde dans l'escalier...

— On ne sait pas... Une des petites voisines d'au-dessus pourrait se trouver indisposée... Il y en a une qui m'a semblé gentille...

— La blonde...

— Oui... elle est d'un blond tirant un peu sur la carotto... mais à la lumière ça ne fait pas mal...

— C'est mademoiselle Ninette...

— Tiens, tu sais son nom, toi, Adolphe ! Voyez-vous, avec son air de n'y pas toucher, il sait le nom des voisines... Voyons, passe-moi vite ton pantalon, que je m'insère dedans...

— Voilà... C'est ce que j'avais de mieux sur moi...

— Ah ! mon Dieu ! ah ! bigre !... Eh bien, voilà qui est gentil...

— Quoi donc...

— Je ne peux pas y entrer, dans ton pantalon... et dire que je n'avais pas songé à cela... il est trop étroit pour moi...

— Il me va très-bien cependant !

— C'est bien pour cela qu'il ne me va pas... tu es un fuseau... moi, je suis dodu... Aïe ! voilà les deux jambes mises... mais c'est le reste qui ne tiendra jamais...

— Fais ton possible...

— C'est justement mon possible qui ne veut pas entrer... Ouf !... quel travail !... Ah sapristi ! il faudra que j'y tienne pourtant...

— Lâche la boucle...

— Pardieu, j'ai tout lâché... C'est pour le boutonner... Ah ! enfin... ça y est... ce n'est pas sans peine... Après tout, cela dissimule joliment mon ventre... ça me gêne pour le moment, mais ça se fera...

— Ça te fait un pantalon collant...

— Heureusement, je suis bien fait..,
— Tu as l'air d'un écuyer du cirque en deuil !...
— Cela ne me sera pas désavantageux près des dames... Je veux en fasciner une douzaine...
— Grâce à ton pantalon?
— Peut-être bien. Maintenant le reste vivement... Le gilet de Grenouillet me va bien... il a du corps lui... La cravate... soignons la cravate... c'est là que l'on reconnaît l'homme qui a du goût... *Vestris* disait : On ne sait pas tout ce qu'il y a de choses dans un menuet! moi je dis : On ne se doute pas de tout ce qu'on voit dans un nœud de cravate !

— Dépêche-toi donc d'achever le tien, dit Grenouillet, ton heure passe et tu sais que tu dois être de retour ici à trois heures... je n'accorde pas cinq minutes de plus.

Le gros Anatole ne répond pas, mais tout en se regardant dans le petit miroir qui est sur la cheminée, il pousse sa langue contre une de ses joues, ce qui, heureusement, n'est pas vu par Grenouillet.

Enfin Anatole a passé son bel habit, il se pavane dedans, puis tout à coup fait la grimace parce que le pantalon lui coupe le derrière. Mais Grenouillet le pousse sur le carré en lui disant :

— Partez, numéro 2, et rappelez-vous que le numéro 3 vous attend.

— Il m'attendra longtemps ! se dit le gros Bizon en descendant rapidement l'escalier... Pauvre Grenouillet qui croit que je vais quitter le bal au moment de souper!... le plus souvent!... Il criera... il se fâchera... je lui fermerai la bouche avec une truffe que je tâcherai de glisser dans ma poche... Pourvu qu'il y ait des truffes au souper!... Oh! il y en aura, madame Tournesol doit bien faire les choses, et savoir qu'un souper sans truffes, c'est une belle femme sans mamelons.

Le numéro 2, le ventre comprimé dans son pantalon, n'en arrive que plus vite chez sa propriétaire. Il entre dans le bal, qui est alors dans tout son éclat. Mais Anatole n'est pas timide, il traverse deux salons en faisant le beau, comme un paon qui déploie sa queue; il va saluer madame Tournesol, en lui adressant son plus gracieux sourire, et celle-ci s'écrie :

— Ah! vous voilà enfin!... Que vous venez tard... comme vous vous faites désirer, jeunes gens!...

— Madame... je vous jure que ce n'est pas de ma faute...

— Eh bien... et monsieur Grenouillet... il est venu avec vous, je pense?...

— Oui, madame, il paye le cocher qui n'avait pas de monnaie... ces gens-là n'ont jamais de monnaie pour vous rendre...

— Vous dansez, j'espère! monsieur Bizon?

— Ah! madame, j'adore la danse... je ne ne ferais que cela si j'étais rentier!...

— A la bonne heure! cela me fait vous pardonner d'être venu si tard... Tenez... là-bas dans le coin... cette jeune personne en rose a déjà manqué plusieurs contredanses...

— Très-bien, je vous comprends... je vais, sur-le-champ, l'inviter.

— Vous êtes bien gentil.

Et madame Tournesol se tournant vers son gendre, qui se trouve alors près d'elle, lui dit :

— Eh bien... ce locataire-là ne vous déplaira pas, j'espère... il n'est pas dans un sac celui-là...

— Oh! non! oh! non! répond Arthur en riant, bien loin d'être dans un sac, celui-ci a un pantalon qui le serre comme un maillot!... Quelle idée de se faire faire un pantalon collant... ça ne se porte plus... c'est ridicule!...

— En vérité, mon gendre, vous trouvez à critiquer sur tout... avec vous il y a toujours quelque chose qui cloche!...

— Ce n'est pas ma faute, belle maman, mais regardez ce monsieur... je gagerais qu'il est fort gêné dans ce que les Anglaises appellent le petit vêtement... cela se voit à sa marche... Comment fera-t-il pour danser?

— Oh! il danse très-bien... il est même renommé pour cela... C'est, dit-on, un beau danseur...

— Nouvelle preuve que ce monsieur ne va pas souvent dans le monde... est-ce que les hommes dansent à présent? Fi donc, c'est mauvais genre... on marche... ou s'incline et cela suffit.

— Et c'est plus commode pour ceux qui ne sauraient pas danser... Eh bien, moi, mon gendre, j'aime beaucoup voir un homme faire des pas...

— Ah! ah! vous êtes charmante... C'est égal, il faudra que je regarde danser ce M. Collant.

Anatole fait danser la demoiselle qu'on lui a désignée. Dans ce premier quadrille il ménage ses effets; il est, d'ailleurs, bien forcé de modérer ses élans, car son pantalon ne lui laisse que fort peu de liberté. Il se borne donc à faire des petits pas coulés plutôt que sautés, mais sa danse n'en est pas moins remarquée; les demoiselles et même les dames trouvent cela très-gentil. Et on murmure de tous côtés :

— Il y a un jeune homme qui danse bien joliment! il fait des pas comme dans les ballets au théâtre; il est très-gracieux... c'est bien plus agréable que de voir marcher d'un air ennuyé ou gauche, comme les jeunes gens d'à présent.

De leur côté, les hommes disaient :

— Est-il drôle ce monsieur qui fait des pas !...

— Voyez-donc... c'est à pouffer de rire...

— Tout à l'heure il se lancera dans la pirouette et l'entrechat !...

— Il n'est pas possible, ce jeune homme-là veut entrer à l'Opéra ou à la Porte-Saint-Martin.

Lorsqu'on joue une polka ou une valse, Anatole se repose, parce que, dans ces danses-là, il ne trouverait pas moyen de déployer ses grâces. Et pendant qu'il est au repos, il entend un jeune homme dire à un autre :

— Sais-tu s'il y aura un souper ?

— Oui, oui, il y en aura un et fort beau... j'en suis sûr.

— Comment en es-tu sûr ?

— Parce que madame Tournesol l'a dit à ma tante, qui m'a engagé à ne pas trop me bourrer de gâteaux.

— Ah ! c'est bon à savoir.

— Oui certes ! c'est bon à savoir, se dit Anatole, et moi aussi je repousserai les gâteaux !... Mais on passe du punch... ah ! par exemple, vive le punch ! ça n'empêche pas de souper.

Dans le quadrille suivant, le beau danseur se lance un peu plus ; il s'aperçoit, d'ailleurs, que l'on se presse pour le regarder danser, et son amour-propre est très-flatté de l'effet qu'il produit. Mais quand arrive le troisième quadrille, Anatole, qui, pendant les polkas, les mazurkes et les valses, ne s'est pas ménagé sur le punch, se décide à se lancer tout à fait et à montrer tout ce dont il est capable.

Cette fois donc, et en dépit de son pantalon, il se livre à toute la fougue de sa danse : il risque les entrechats, les pirouettes même ! La galerie est tout émerveillée : les dames admirent, les hommes rient, quelques-uns applaudissent. Mais le maudit pantalon se venge bien cruellement des épreuves qu'on lui fait subir. Tout à coup, au milieu d'une pirouette commencée avec vigueur, un craquement se fait entendre... une solution de continuité se montre au derrière du vêtement indispensable... Anatole, qui se sent plus à son aise, n'en pirouette que mieux. Mais les éclats de rire, qui partent de tous côtés, l'avertissent enfin qu'il se passe quelque chose d'extraordinaire ; les hommes rient à se tordre, les dames s'éloignent ou tiennent leur éventail devant leurs yeux ; quelques-unes cependant se montrent fortes et continuent à regarder, lorsque le fashionable Arthur, qui était toujours là pour voir danser Anatole, va lui toucher légèrement l'épaule en lui disant à demi-voix :

— Monsieur, je ne pense pas que votre intention soit de montrer votre derrière à la société ? C'est pourtant ce qui arrivera si vous continuez de danser...

— Pourquoi donc cela, monsieur ?

— Tâtez votre pantalon sous votre habit.

Bizon porte sa main à l'endroit indiqué ; il sent sa chemise qui sort, il trouve même un endroit par où l'air peut lui arriver sans aucun obstacle ; aussitôt le rouge lui monte au visage et il s'écrie :

— Ah ! maudit pantalon... j'aurais dû le prévoir... Faut-il que cet Adolphe soit maigre !...

L'élégant Arthur, qui prête toujours l'oreille, entend ces paroles et lui dit :

— Adolphe est maigre !... quel est cet Adolphe ?

— Mon tailleur, monsieur, qui est très-fluet et croit que tout le monde est comme lui... Quel contretemps !... je m'amusais tant ici !...

— Vous nous amusiez aussi beaucoup, monsieur, car vous avez une danse... remarquable !

— Vous êtes bien bon, monsieur !

— Mais pourquoi diable aussi vous faites-vous faire des pantalons collants ?...

— Je trouve que c'est plus habillé...

— Le vôtre fait l'effet contraire en ce moment.

— Cela allait si bien ! vous avez vu que cela ne gâtait rien à ma danse...

— Nous avons vu une foule de choses, nous ne désirons pas en voir davantage.

— Oh ! moi, ce n'est pas cela qui m'empêcherait de danser...

— Mais cela empêcherait toutes ces dames de danser avec vous...

— C'est juste, oui, je comprends... il faut que je m'en aille... Ah ! que c'est contrariant !

Anatole a la plus grande peine à quitter le bal ; il faut pourtant qu'il s'y décide, car il voit bien qu'il est le point de mire de tout le monde : on le suit des yeux, chacun rit en le regardant ; lui seul ne rit pas. Enfin il a repris son chapeau et il part, très en colère d'être obligé de renoncer au souper qui allait se servir, et se disant en chemin :

— Si ça ne s'était pas vu, je serais bien resté au souper; je n'aurais plus dansé... je me serais assis, je n'aurais plus bougé... en prétextant une douleur au pied ; mais cela s'est vu... Ah ! fichtre ! ça s'est trop bien vu.

V

UNE AIGUILLE ET DU FIL

— Il n'était que deux heures et demie lorsque Bizon revient chez ses amis. Adolphe était couché et dormait depuis longtemps; mais Grenouillet veillait, et de temps à autre allait sur son carré écouter si le numéro 2 revenait; il n'était pas sans inquiétude, car il connaissait la gourmandise d'Anatole et n'avait pas grande confiance dans sa promesse. Cependant l'heure du retour n'était pas arrivée; aussi pousse-t-il un cri de surprise en voyant revenir Anatole en avance d'une demi-heure.

— C'est toi?... est-il possible... c'est toi!...
— Eh oui!... c'est moi-même.

— Et la demie après deux heures vient seulement de sonner!... Après cela je me suis peut-être trompé... c'est trois heures et demie qu'il est sans doute?

— Non, non, tu ne t'es pas trompé, il n'est que deux heures et demie...

— Alors tu es donc malade pour être revenu si vite?

— Je ne suis pas malade, mais je me suis dit : Ce pauvre Grenouillet doit s'impatienter... il arriverait au bal bien tard... ayons pitié de lui... et je suis parti !... C'est un joli trait, j'espère?

Grenouillet fait une figure qui indique qu'il ne croit pas un mot de ce que vient de dire Anatole, mais il se hâte de se déshabiller.

— A mon tour... et passe-moi les frusques. A propos, y a-t-il un souper?

— Je ne crois pas.

— Tu dois en être sûr, sans cela tu ne serais pas revenu !... Tant pis, je me jetterai sur les glaces.

— Il n'y en avait plus quand je suis parti.

— Tu les avais donc avalées toutes?... Enfin il y aura bien encore quelque chose à glaner...

— J'en doute, et à ta place, moi, je me coucherais au lieu d'aller au bal.

— Ah! elle est bonne celle-là !... ces messieurs se seraient amusés, et moi je n'aurais rien vu... C'est-à-dire que, moi, j'y resterai plus longtemps que vous au bal... je ne m'en irai que le dernier... Donne-moi donc le pantalon...

— Une minute... j'ai autant de peine pour l'ôter que j'en ai eu à le mettre... Sapristi!... gredin de pantalon va!... Tiens, le voilà...

— Heureusement, je ne suis pas si gros que toi, et il m'ira très-bien.

Mais au moment d'entrer dans le pantalon, Grenouillet aperçoit l'énorme déchirure faite au fond du vêtement; il pousse un cri :

— Ah! le traître!... je me doutais bien qu'il y avait anguille sous roche et que ce prompt retour cachait quelque horrible mystère... Le voilà le joli trait dont tu te vantais!... Pauvre Adolphe!... dans quel état as-tu mis son pantalon!...

— Crois-tu donc que je l'ai fait exprès?... Va, sans cet accident tu ne m'aurais pas revu de sitôt... tu m'aurais attendu longtemps.

— Ah! tu te dévoiles maintenant, gros scélérat!... je suis sûr que c'est en faisant tes pas de zéphir que tu auras fait cette déchirure!

— Hélas! cela allait si bien... je dansais comme une *Willis*, je ne touchais pas la terre, je rebondissais, j'étais élastique!... toutes les dames m'admiraient!

— Oui, et tu faisais craquer ta culotte.

— Alors... comme cela s'était vu, il a bien fallu partir... Eh bien, tu mets le pantalon?... est-ce que tu comptes aller au bal dans la position qui me l'a fait quitter?

— Moi, ne pas me rendre au bal!... j'irais plutôt en sauvage...

— Tu n'y serais pas admis... nous ne sommes pas en carnaval... Ah! çà, mais, il s'habille vraiment!... à quoi penses-tu donc?

— A quoi je pense? ce n'est pas bien malin ! je vais me faire recoudre le derrière par le portier ou madame son épouse... Ces gens-là doivent savoir coudre; le mari est savetier...

— Ce sera joliment fait!

— Peu m'importe, pourvu que cela tienne...

— Mais ça se verra?

— Pourquoi donc cela se verrait-il? Est-ce que tu crois, dès que j'arriverai au bal, que tout le monde viendra soulever les pans de mon habit pour examiner le fond de mon pantalon?... et puis je serai prudent, moi, je ne danserai pas... mais je souperai... car il doit y avoir un souper, je le devine à la mine piteuse que tu fais...

— Hélas oui! il y en a un.

— Je n'ai pas de temps à perdre alors... vite la cravate... l'habit... les gants...

— Ah! il te faut aussi mes gants?

— Cela va sans dire, puisque je n'en ai pas.

— Ils ne t'iront point.

— Alors je les tiendrai à la main.

— Mes beaux gants! ne les salis pas trop.

— Je les ménagerai plus que tu n'as fait de la culotte d'Adolphe. Me voilà prêt... il ne s'agit plus que de réveiller nos concierges qui se vantent de tirer le cordon en dormant... Bonne nuit, Anatole!...

— Rapporte-moi quelque chose au moins.

Grenouillet a descendu rapidement ; il frappe au carreau de la loge en disant :

— Papa Roch... madame Roch... deux mots, s'il vous plaît... ce sera l'affaire d'une minute...

— Le cordon est tiré !... répond une voix tellement éraillée, qu'il est difficile de deviner si elle est mâle ou femelle.

— Oui, je vois bien que la porte est ouverte... mais ce n'est pas pour ça que je cogne... j'ai un petit service à vous demander à l'un ou à l'autre.

— Il est trop tard...

— Il n'y a pas d'heure pour les braves...

— Fichez-nous donc la paix !

— Voyons, aimable madame Roch... car quelque chose me dit que c'est à la plus belle moitié du genre humain que j'ai l'honneur de parler...

— Avec qui donc que tu causes, Pulchérie? murmure alors une contrebasse bien timbrée.

— Avec un de nos locataires, petit père ; je crois que c'est M. Grenouillet.

— Que peut-il te dire à une heure aussi *imbue?*... est-ce qu'il aurait la prétention de te voir en chemise ?...

— Mais non, monsieur Roch, je n'ai pas la moindre prétention relativement à votre épouse ; mes intentions sont pures ! mais il faut absolument que j'aille à un bal où je suis attendu et je viens de me déchirer quelque part... Vous savez coudre tous deux?

— Corbleu, si je sais coudre!... je coudrais dans de la porcelaine, monsieur!

— Je vous en crois bien capable; alors mon drap vous semblera bien doux... avec du bon fil ce sera fait tout de suite et je saurai récompenser votre zèle... en temps et lieux.

— Ne te dérange pas, petit père; j'allume, je vais recoudre M. Grenouillet.

— Es-tu convenablement calfeutrée au moins?

— Mais oui... j'ai passé mon peignoir.

Une chandelle allumée apparaît dans la loge, dont la porte s'ouvre bientôt. Grenouillet s'introduit vivement dans le domicile du concierge et trouve madame Roch' dans un négligé qui n'a rien de galant, tenant à la main une aiguille et du fil.

— Voyons cette déchirure, dit Pulchérie.

Et aussitôt Grenouillet se retourne et relève les pans de son habit; la portière fait un soubresaut, en s'écriant :

— Monsieur! qu'est-ce que vous voulez donc me montrer?

— Parbleu! c'est bien facile à voir, le fond de mon pantalon qui est déchiré... voilà ce qu'il faut recoudre...

— Ah! mais, savez-vous que je n'ai jamais cousu dans un endroit si délicat!... Si Altamort me voyait vous regarder par là, il deviendrait verdâtre! »

— Votre mari s'appelle Altamort?

— Oui, monsieur, c'est son petit nom...

— Soyez tranquille, il s'est endormi, et d'ailleurs où est le mal de faire une reprise dans du drap ?

— J'ai peur de vous piquer.

— Allez toujours, ceci est un détail.

— D'autant plus qu'il me semble que vous n'avez pas de caleçon...

— Des caleçons ! fi donc ! c'est du luxe, je les méprise !

— Mon mari en met deux.

— C'est qu'il est très-frileux apparemment.

— Non, il dit que c'est pour les mœurs...

— Ah ! bigre !... vous avez cousu ma fesse !...

Le cri poussé par le jeune homme a réveillé le portier, qui se met sur son séant et, voyant la position de sa femme, s'écrie :

— Qu'est-ce que cela signifie ? de *quoi t'est-ce* que je vois, Pulchérie ? vous donnez un lavement à monsieur ?...

— Mais non, petit père, je recouds son fond...

— Quittez vite cette position qui vous expose à des dangers de tous les genres... si monsieur avait dit que sa déchirure était dans un endroit suspect... je ne vous aurais pas laissée y toucher.

— Comment ! suspect ? je ne vois pas, monsieur Roch, que mon pantalon ait rien de suspect...

— *Sufficit*, je me devine ! Pulchérie, lâchez monsieur, je vais la faire cette reprise... venez vous refourrer sous votre édredon.

— Le portier a sauté hors de son lit, il vient prendre la place que sa femme a quittée et se met à recoudre le pantalon du pauvre Adolphe avec l'aiguille et le fil qui lui servent pour coudre des souliers. Il travaille avec ardeur et Grenouillet lui dit :

— J'aime beaucoup mieux être recousu par vous que par votre femme, papa Roch, car vous allez avec une vigueur qui me fait espérer que cela tiendra...

— Si cela tiendra! oh! je vous en réponds... et ce n'est pas ce fil-là qui cassera!

— Tant mieux. Alors je vais me présenter carrément.

— C'est-à-dire que vous pouvez faire la culbute dans votre société, ça ne bougera pas.

— Je n'ai pas l'intention de me livrer à cette gymnastique.

— Ça y est!

— Bravo!... merci, cher concierge!... je vous payerai cela avec autre chose!

Grenouillet est déjà dans la rue. En quelques minutes il est arrivé chez madame Tournesol; il met ses gants sous la porte cochère, puis arrange ses cheveux et se présente dans le bal. Madame Tournesol l'aperçoit :

— Dieu merci! vous avez mis le temps à trouver de la monnaie pour payer votre cocher, et vos amis sont déjà partis... Qu'est-ce que cela veut dire?...

— Madame, excusez-moi, j'avais un autre bal auquel j'ai été obligé de me rendre avant de venir ici.

— Mais nous resterez-vous, au moins?

— O madame ! tant que vous voudrez ! il faud[ra] que vous me chassiez...

— A la bonne heure !

Madame Tournesol, apercevant son gendre q[ui] lorgne le nouveau venu, lui dit :

— Eh bien, vous plaît-il celui-là ? a-t-il aussi que[l]que chose qui cloche... il n'a ni un sac, ni un pantal[on] collant ; il a une tournure très-dégagée.

Arthur sourit d'un air moqueur en répondant :

— Oui, trop dégagée même... Ce monsieur a l'a[ir] de se croire à la Closerie des lilas !

— Allons, bon ! ah ! que vous êtes méchant ! m[on] gendre.

— C'est que j'ai du tact, madame, je devine m[on] monde... je serai curieux de voir danser celui-ci, j[e] gage qu'il risquera le cancan...

Mais le bel Arthur en est pour ses conjecture[s] car Grenouillet ne danse pas. Il se borne à regard[er] danser les autres, à se promener dans les salons, et [à] arrêter tous les plateaux de sirops ou de glaces q[ui] passent près de lui.

Le gendre de madame Tournesol perd rareme[nt] Grenouillet de vue, puis il se décide à entamer u[ne] conversation :

— Vous ne dansez pas, monsieur ?

— Non, monsieur, non... et puis je vous avouer[ai] que je suis un peu fatigué ; j'ai déjà été à trois bals [ce] soir...

— Oh ! alors je conçois... N'êtes-vous pas l'ami de M. Adolphe Durard et Anatole Bizon?

— Oui, nous sommes tous trois locataires de madame Tournesol dans sa maison de la rue Rambuteau...

— Je suis, moi, le gendre de madame Tournesol...

— Enchanté, monsieur, d'avoir l'avantage de faire votre connaissance...

— Vos deux amis sont partis de bonne heure... vous savez ce qui est arrivé au plus gras?...

— A Bizon?... Non... je ne sais rien.

— Figurez-vous qu'il avait un pantalon qui le serrait comme un maillot... qui collait sur lui. Alors en faisant des pirouettes... car ce monsieur a une danse très-excentrique, il a déchiré tout le fond de son pantalon.

Grenouillet se sent légèrement troublé ; cependant il répond :

— C'est bien fait ! pourquoi se fait-il toujours faire des pantalons collants?... c'est une coquetterie ridicule, il est assez bien bâti, il veut montrer ses formes... cela lui apprendra ! Je suis enchanté que cela lui soit arrivé.

— Quant à votre autre ami, oh ! celui-là n'était pas serré dans ses vêtements, c'était tout le contraire ; il avait un habit qui ne lui tenait pas au dos, un vrai sac... on aurait juré que cet habit n'avait pas été fait pour lui !

— Ah ! je vais vous dire : Adolphe est très-maigre,

et il se fait toujours faire ses habits dans la prévision qu'il engraissera...

— C'est égal, vos deux amis devraient bien changer de tailleur. Mais nous restons debout et vous devez être fatigué, ayant été ce soir à trois bals ; asseyons-nous donc...

— Volontiers.

Arthur se laisse tomber sur un fauteuil, Grenouillet en fait autant, mais presque aussitôt il pousse un cri perçant et se relève bien vite en portant sa main à son derrière.

— Qu'avez-vous donc? lui demande Arthur.

— Je me suis piqué sur ce fauteuil, quelque dame y aura laissé une épingle...

— C'est singulier, les dames n'ont pas l'habitude de perdre leurs épingles de ce côté-là !...

Et le gendre de madame Tournesol tâte le dessus du fauteuil, tandis que Grenouillet se dit : Est-ce que ce jaloux Altamort aurait laissé son aiguille dans mon pantalon pour se venger de ce que j'ai fait coudre sa femme par là?... Diable!... ce serait infâme! Je ne puis cependant pas y regarder, ni charger personne ici de ce soin...

— Je n'ai pas rencontré la moindre pointe d'épingle sur ce fauteuil! dit Arthur.

— Je le crois bien, je l'aurai renfoncée avec mon personnel...

— Vous ne vous asseyez plus?

— Non, merci, je préfère me promener pour admirer le beau sexe.
— A votre aise.
— Grenouillet quitte ce monsieur en se disant : « Je ne pourrai cependant pas souper debout... mais je m'assoirai avec précaution. » Et Arthur le regarde s'éloigner, persuadé que ce n'est pas le fauteuil qui avait une épingle et fort curieux de savoir pourquoi le jeune locataire a crié.

— On danse encore assez longtemps. Enfin sur les quatre heures du matin, madame Tournesol dit à sa société :

— Le souper nous attend; allons, messieurs, la main aux dames. Il y aura place pour tout le monde. Je ne veux pas que les dames soupent à part. C'est bien plus gai quand les messieurs soupent avec elles. J'ai fait doubler exprès le nombre de tables.

On offre la main aux dames, mais Grenouillet, toujours préoccupé de son pantalon auquel il croit sentir pendre un bout de fil, reste en arrière et n'arrive qu'après les autres dans la salle du souper. Là deux tables immenses sont placées en vis-à-vis, les places ont été vivement prises et le retardataire, qui n'en perçoit plus, n'est pas fâché de cette circonstance et se promène autour des tables en disant :

— Cela m'est parfaitement égal, je mange aussi bien debout.

Mais madame Tournesol, apercevant Grenouillet faire le manége, s'écrie :

— Eh bien, jeune homme, pourquoi ne vous asseyez-vous pas?

— Ne faites pas attention à moi, madame, je vous en prie...

— Mais si... mais si... je veux que tout le monde soit assis...

— Il n'y a plus de place, madame.

— Je vais vous en faire une à côté de moi... François, apportez vite une chaise.

— Mais, madame, je vais vous gêner...

— Pas du tout... Tenez, voilà une très-jolie place... avancez donc... Ah! que de façons !... Voulez-vous bien vous mettre là tout de suite !...

Grenouillet s'est avancé... il hésite encore pour s'asseoir, mais madame Tournesol, qui est une maîtresse femme et croit que c'est la timidité qui arrête son locataire, se lève, le pousse par les épaules et le fait tomber brusquement sur la chaise. Alors Grenouillet pousse un cri si douloureux, que tous les convives en ont frémi.

— Ah ! mon Dieu !... mais le malheureux s'est donc assis sur une assiette qu'il aura cassée sous lui et qui l'aura blessé ! François, vous aviez donc laissé un plat... quelque chose sur cette chaise?

— Mais non, madame, je vous assure qu'il n'y avait rien du tout !

— Voyons, monsieur Grenouillet... où avez-vous mal?

Mais Grenouillet ne répond pas, il se contente de

faire des grimaces épouvantables et de repousser ceux qui veulent le faire se lever, en disant :

— Ne me touchez pas!... je suis lardé... blessé... je ne peux pas remuer.

Cependant Arthur, qui est accouru un des premiers près de Grenouillet, le prend vigoureusement sous les bras et l'enlève de dessus sa chaise, en disant :

— Oh! pardon, monsieur, mais il ne sera pas dit que vous pousserez de tels cris chaque fois que vous vous asseyez, sans que nous en sachions la cause... car on n'oserait plus s'asseoir chez ma belle-mère...

Et, sans en demander la permission, le beau gandin relève les pans de l'habit de Grenouillet, puis part d'un fou rire, en apercevant une grosse aiguille et un long bout de fil qui tiennent encore au pantalon, aiguille s'est même plantée dans autre chose et il faut que madame Tournesol la retire avec précaution, ce qu'elle fait en murmurant :

— Ah! le pauvre garçon!... je ne m'étonne pas s'il a crié! il avait une aiguille dans le... dans la... enfin il avait une aiguille enfoncée là... Eh bien, mon gendre... qu'avez-vous donc à rire ainsi?... ce pauvre jeune homme s'est fait mal.

— Pardon, madame, mais je ris des aventures qui arrivent ce soir aux pantalons de vos danseurs... On a recousu celui-ci qui avait un accroc tout semblable à celui de ce monsieur qui faisait des pirouettes!...

Ah! ah! ah!... quelle coïncidence!... j'en rirai longtemps...

—Assez, Arthur... allez donc vous remettre à votre place et ne songeons plus qu'à souper...

Le gendre s'éloigne en riant toujours et en disant à demi-voix :

— Je parierais vingt louis que c'est le même pantalon... Oh! elle est bonne celle-là!... ils sont gentils les locataires de belle maman!

Grenouillet, qui était devenu écarlate pendant qu'on le débarrassait de son aiguille, ne savait plus si il devait se rasseoir ou s'en aller, mais sa propriétaire, toujours bonne, lui fait reprendre sa place, en lui disant :

— Eh bien, il n'ose plus se remettre sur sa chaise à présent... rassurez-vous... il n'y a plus de danger... j'ai ôté ce qui vous blessait... Allons, mangez... et ne pensez plus à tout cela...

Cette fois, Grenouillet ne se fait pas prier pour obéir; il ne songe plus qu'à satisfaire son appétit, mais il a soin de ne pas tourner la tête du côté du bel Arthur, qui part d'un éclat de rire chaque fois qu'il le regarde.

Les dames qui veulent danser encore un cotillon restent peu de temps à table; quelques hommes semblent y prendre racine et Grenouillet est du nombre, mais le terrible gendre, qui l'avait quittée, revient s'y asseoir, en disant à ceux qui soupent encore :

— Messieurs !... je vais vous faire rire... je vais

vous conter l'histoire d'un pantalon qui dans une nuit a servi à trois personnes !...

Grenouillet, qui ne se soucie pas d'entendre ce récit, se lève et s'esquive, en se disant :

— Conte ton histoire, beau lion, à présent je m'en moque, j'ai parfaitement soupé. C'est égal, Altamort m'a joué là un bien vilain tour !...

Lorsque Grenouillet est parti, Arthur Delval s'approche de madame Tournesol et lui dit à l'oreille :

— Belle maman, quand vous inviterez vos trois jeunes locataires, je vous conseille par prudence de les faire d'abord habiller complétement.

VI

LES QUIPROQUOS

Il fait grand jour, car il est six heures du matin quand Grenouillet arrive chez lui. Il aperçoit son concierge qui balaye devant sa porte et le regarde d'un air sournois. Le jeune homme passe sans rien dire au jaloux Altamort, il ne veut pas lui donner le plaisir de savoir que sa vengeance a réussi; il monte rapidement l'escalier, mais arrivé au second étage, il entend un grand bruit chez le dentiste : on crie, on jure, on se dispute; notre étudiant se rappelle alors le changement des plaques qu'il a opéré dans la soirée, et il s'arrête, enchanté d'entendre une des scènes qu'il a provoquées.

C'était un gros papa de bonne mine, tonnelier dans le quartier, dont la femme avait pendant la nuit ressenti des douleurs pour accoucher. Au point du jour elle avait dit à son mari :

— Va, Jean-Pierre, va vite me chercher quelqu'un de l'état... un homme ou une femme, ça m'est égal; mais dépêche-toi, car je crois que notre enfant est pressé de venir au monde.

Jean-Pierre était parti aussitôt, il avait demandé à un voisin où il trouverait une personne pour accoucher sa femme, et on lui avait enseigné la demeure de madame Pondérant. En entrant dans la maison il avait dit au concierge :

— N'avez-vous pas ici quelqu'un qui aide le monde à entrer dedans ?

Et Altamort lui avait répondu :

— Oui, montez! vous verrez son nom sur la porte.

Jean-Pierre est monté, il a vu au second étage la plaque de madame Pondérant, et il sonne à tout casser, en s'écriant :

— Ouvrez donc! ça presse... dépêchons-nous.

Le dentiste, dont la domestique ne s'éveille pas facilement, passe à la hâte une robe de chambre, va lui-même ouvrir et dit au tonnelier :

— Quel carillon vous faites! j'ai cru que le feu était à la maison...

— Ma'e dame! c'est que ça presse chez nous... c'est-il vous qui opérez ?

— Sans doute.

— On m'avait dit que c'était une femme...

— On s'est trompé.

— Homme ou femme, ça m'est égal pourvu que vous vous y preniez bien.

— Oh ! soyez tranquille, mon talent est connu... cela ira tout seul !

— Bigre ! vous êtes un malin alors !

— Allons, entrez... dans mon cabinet !

— Mais ce n'est pas la peine, c'est vous qui allez venir avec moi au contraire...

— Aller avec vous ?... ce n'est donc pas vous qu'il faut opérer ?

Le tonnelier part d'un éclat de rire :

— Moi ?... Ah ! elle est bonne celle-là... Ah ! farceur que vous êtes, car vous en êtes un de farceur...

— Pour qui donc venez-vous me chercher !

— Pardi ! pour ma femme qui a souffert toute la nuit.

— Et elle n'a pas pu venir elle-même se faire extirper cela chez moi ?

— Il me semble qu'il vaut bien mieux que vous lui extirpiez ça... chez elle... c'est plus commode...

— Cela dépend... Et y a-t-il longtemps qu'elle en souffre ?

— Dame ! neuf mois... comme à l'ordinaire !... Mais elle n'a guère souffert que vers la fin...

— Neuf mois?... quelle faute! Garder neuf mois sur soi quelque chose de gâté!...

— Comment!... de gâté? Qu'est-ce que vous nous chantez donc là, vous? Et pourquoi pensez-vous que j'aurai fait à ma femme quelque chose de gâté?...

— Mais, monsieur ce n'est pas votre faute, ça ne vous regarde pas!...

— Ça ne me regarde pas!... elle est forte celle-là! Est-ce que vous me prenez pour un de ces maris complaisants qui souffrent qu'on leur en fasse porter?... Oh! mais, c'est pas mon genre à moi... J'aime à rire, mais si on en contait à ma femme! je deviendrais un tigre, voyez-vous!

— Monsieur, je ne comprends absolument rien à ce que vous me dites. Mais puisqu'il faut aller opérer votre femme chez elle, je vais m'habiller; je ne puis pas sortir en robe de chambre.

— C'est juste, mais dépêchez-vous...

— Ah! encore une question, monsieur, est-ce une molaire ou une incisive?

— Qu'est-ce que vous me chantez là? Vous voulez que je vous dise d'avance si ce sera un garçon ou une fille?

— Sapristi, monsieur, est-ce que vous vous moquez de moi à votre tour?... Il n'est pas question de garçon ni de fille, mais de la dent que vous voulez que j'aille arracher à votre femme...

— Une dent!... Vous appelez ça une dent!... un pauvre enfant qui ne demande qu'à vivre!...

— Un enfant !... vous venez me chercher pour un enfant ?

— Sans doute, ma femme est dans les douleurs... Vous allez l'accoucher, puisque c'est votre état...

— Mon état !... c'est un accoucheur que vous demandez?

— Sans doute !

— Mais je suis dentiste, moi, monsieur, je n'ai jamais été accoucheur.

— Alors pourquoi avex-vous sur votre porte : *Sage-femme* ?

— Ce n'est pas vrai, je n'ai pas cela sur ma porte.

— Comment ! ce n'est pas vrai?... J'en ai donc menti?... Vous êtes un insolent, et je vais vous gifler !

— C'est-à-dire que vous allez me donner trois francs pour m'avoir fait lever et dérangé à six heures du matin...

— Trois francs !... plus souvent !... Trois claques, mon petit, et le double si tu n'es pas content !

— Alors je ne vous arracherai pas une dent, mais je vais vous arracher le nez !

— Viens-y donc, pour voir !

La dispute s'échauffait ; Grenouillet qui riait à se tenir le ventre, voit alors monter une femme en bonnet rond, et d'une cinquantaine d'années, qui tenait son mouchoir sur sa joue gauche ; elle regarde les plaques, arrive au troisième et sonne chez madame l'ondérant. Grenouillet monte à son quatrième, mais là il s'arrête et redescend coller son oreille à la porte de la sage-femme, aussitôt que l'on est entré chez elle.

La personne qui a mal aux dents entre vivement chez madame Pondérant, qui lui a ouvert elle-même ; elle pénètre dans la seconde pièce, sans s'inquiéter où elle va, et se jette dans un fauteuil en s'écriant:

— Ah ! ma chère dame !... je souffre comme une damnée... Je n'ai pas fermé l'œil de la nuit !

La sage-femme examine avec attention la cliente qui lui arrive et dit :

— C'est singulier ! ça ne paraît pas du tout !...

— Je suis pourtant pas mal enflée !

— Mais non... on ne voit rien !

— Ne voulez-vous pas que ça me sorte par la bouche ?

— Non, ce n'est pas ordinairement par là que cela sort ! mais vous vous y prenez un peu tard...

— Je m'y prends... Merci ! Si vous croyez que c'est pour mon plaisir que ça m'est venu...

— Ah ! on dit toujours ça... En avez vous déjà eu ?

— Je crois bien ! On m'en a déjà arraché quatre !...

— Arraché ! fi ! cela ne s'arrache pas... on tâche de l'avoir tout doucement...

— Vraiment ! vous croyez que vous ne me ferez pas de mal ?

— Je l'espère, du moins !

— Eh bien, alors, allons-y tout de suite... prenez vos outils, je suis prête.

Et la dame se jette le corps en arrière, pose sa tête sur le dos du fauteuil, et ouvre une bouche qui pourrait passer pour un four. Madame Pondérant la regarde faire et lui dit :

— Pourquoi vous étalez-vous ainsi en ouvrant la bouche? Ce n'est pas sur ce fauteuil que je vais vous visiter...

— Et sur quoi donc vais je me mettre ?

— Sur un lit vous serez beaucoup mieux.

— On m'en a ôté quatre et jamais on ne m'a mis sur un lit pour ça !

— Vous m'étonnez ! C'est cependant toujours sur un lit que cela se fait.

— C'est-à-dire que c'est votre manière à vous ! Enfin n'importe, voyons, où est-il votre lit, que je me campe dessus, et finissons-en.

— Tenez, madame, par ici.

Madame Pondérant ouvre une autre pièce, où il y a une couchette ; la personne qui souffre court se jeter dessus, puis se met de nouveau à ouvrir la bouche d'une façon démesurée. La sage-femme hausse les épaules en disant :

— Mais qu'est-ce que vous avez donc à ouvrir comme cela votre bouche! Ne croyez-vous pas que c'est par là que cela sortira?

— Mais à coup sûr ! et par où donc voulez-vous me l'ôter ?

— Belle demande ! vous le savez aussi bien que moi !
Allons, couchez-vous tout à fait... Vous ne devez pas
rester ainsi... Et je vous en prie, fermez votre bouche... on croirait que vous voulez m'avaler...

— Ah ! c'est trop fort ! vous vous moquez de moi, à
la fin ! Vous voulez m'arracher une dent sans que
j'ouvre la bouche ?... Vous ne savez donc pas votre
état ?

— Une dent ? vous voulez que je vous arrache une
dent ?

— Voilà deux heures que je vous le dis... Tenez,
c'est la seconde au fond... vous la reconnaîtrez bien,
elle est toute noire... Allons... y êtes-vous à présent ?

Madame Pondérant commence à y être en effet,
mais au lieu de se rapprocher de la malade,
elle s'en éloigne vivement, en s'écriant d'un air fu-
ribond :

— Comment ! vous voulez qu'on vous arrache une
dent ? Mais qu'est-ce que vous venez faire chez moi,
alors ? Je vous trouve bien hardie de venir me troubler à six heures du matin, parce que vous avez mal
aux dents !... Depuis quand les sages-femmes sont-elles
devenues arracheuses de dents ?

— Depuis que c'est leur état apparemment !...
Qu'est-ce que vous voulez dire avec votre sage-femme ?
Vous êtes dentiste, je l'ai bien vu sur la plaque qui
est à votre porte.

— Moi, dentiste ? Vous rêvez, ma chère dame, vous

avez lu cela ici-dessous, chez mon voisin... Et comme probablement vous étiez encore un peu endormie, vous aurez continué de monter.

— Endormie! moi qui n'ai pu fermer l'œil de la nuit... Je vous dis que c'est sur votre porte que j'ai lu sur une plaque de cuivre : *Dentiste!*

— Ce n'est pas possible, vous avez la berlue...

— Berlue vous-même, vieille mule !...

— Ah! madame, ne m'insultez pas, ou j'appelle la garde...

— Appelez tout le poste si vous voulez, mais auparavant venez regarder à votre porte en dehors...

— Ah! je le veux bien... ah! je ne demande pas mieux.

Grenouillet se hâte de remonter un étage lorsqu'il entend venir les deux femmes. Madame Pondérant arrive sur le carré avec la dame en bonnet rond, au moment où le dentiste en faisait autant et venait avec Jean-Pierre pour s'assurer de ce qu'il y avait sur la plaque. Alors de grandes exclamations de surprise, de colère, partent en même temps du second et du troisième étage ; la sage-femme et le dentiste crient en même temps :

— C'est affreux !

— C'est une infamie !

— Q'est-ce qui m'a joué ce tour-là ?

— Quel est le polisson qui m'a changé ma plaque?...

— Mais cela ne se passera pas ainsi : je vais porter plainte...

— Portier ! concierge ! Montez sur-le-champ !
— Monsieur Altamort, je vous somme de venir voir ce qui se passe dans la maison...

Et les deux industriels crient si fort et font tant de bruit, que bientôt tous les locataires de la maison viennent sur le carré pour savoir la cause de ce tapage.

VII

TOUT LE MONDE SUR LE PONT

D'abord ce sont les trois jeunes gens du quatrième; car Adolphe et Anatole ont entendu les éclats de rire de Grenouillet, et ils ont quitté leur lit pour connaître le motif de son hilarité. Ces messieurs sont vêtus fort légèrement; Anatole n'a qu'un vieux paletot qui lui sert de robe de chambre, mais comme maintenant les jeunes gens portent des paletots qui ressemblent à des vestes, celui-ci ne pouvait pas s'envelopper convenablement dans son vêtement qui ne lui cachait pas les genoux. En revanche, le mince Adolphe était drapé dans un vieux mac-ferlane qui lui montait jusqu'au nez, mais par-ci, par-là, des déchirures qu'on avait oublié de raccommoder, laissaient passer l'air sous le vêtement et permettaient de voir des fragments de chemise.

La dame qui occupait le logement en face de la sage-femme, et qui faisait de la lingerie, se montre bientôt sur sa porte. C'est une femme de cinquante ans très-accomplis, elle est d'une corpulence à ne pas tenir dans une stalle d'omnibus. Son teint se rapproche de la betterave, ses cheveux sont d'un noir tellement brillant, qu'ils ont l'air d'être en jais ; cette dame est coiffée d'un foulard amarante qui fait plusieurs cornes sur sa tête, et vêtue d'un peignoir hermétiquement fermé depuis le haut jusqu'en bas, ce qui est bien heureux pour les spectateurs. Elle se pose sur sa porte, en croisant ses deux bras sur sa poitrine, comme pour retenir des choses qui probablement ont de la propension à dégringoler.

Au second étage, pendant que le dentiste et Jean-Pierre sont sur le point de se prendre aux cheveux, le tailleur qui loge en face, et qui est Allemand... (tous les tailleurs sont Allemands, ou ont marqué de l'être) se montre à peu près habillé. C'est un grand homme roussâtre, ayant de longs cheveux, une longue barbe, de longues dents, enfin quelque chose d'un ogre. Malgré cela, le tailleur a la parole lente et comme toujours ce flegme inhérent aux gens du Nord. Il regarde les deux hommes qui se disputent, et, caressant un petit chien épagneul qui est sorti avec lui et aboie après ces messieurs, lui dit :

— *Resdez-là, Zultan!... ne fous mêlez bas des querelles de fos foisins!*

Au premier étage, ce personnage peu sociable qu'on nomme M. Dauberton, a aussi ouvert sa porte pour savoir ce qui se passe. C'est un homme qui a bien la cinquantaine, et qui a dû être fort beau garçon, mais son teint est bilieux, ses yeux caves et cernés, sa figure fatiguée, et tout dans sa personne semble annoncer la souffrance. Il porte une élégante robe de chambre en velours, et sur sa tête une toque de même étoffe avec un gros flot en or.

N'oublions pas le cinquième étage, car c'est là que se montrent les personnes les plus agréables à considérer. Là, habitent deux jeunes filles, toutes deux monteuses de bonnets. L'une, qui se nomme Emma, a dix-neuf ans. Ce n'est pas une beauté, mais elle a du charme; sa figure ovale est toujours pâle, mais ses yeux bleus ont une expression douce et pensive qui annonce une extrême sensibilité. Si sa bouche est un peu grande, son sourire est gracieux; ses cheveux châtains sont longs et abondants, elle peut se coiffer de toutes les façons sans être obligée d'avoir recours à ces paquets de crin dont beaucoup de femmes se servent pour remplacer les chignons qui leur manquent, et dont elles abusent en se faisant des poufs qui sont trop énormes pour faire illusion.

Mademoiselle Emma a la parole douce comme ses yeux; elle a l'air très-timide; sa mise est toujours modeste et sa tournure parfaitement irréprochable. Mais sous cette apparence craintive se cache cependant une âme forte et un caractère qui dans l'occasion ne manque ni de courage ni de fermeté.

L'autre jeune fille se nomme Joliette, elle a vingt et un ans; c'est une brune dont l'œil noir est vif et passablement éveillé. Celle-ci a de belles couleurs roses qui annoncent la santé, son nez retroussé lui donne ce petit air mutin que vous ne trouverez jamais chez les nez aquilins. Enfin, sans être positivement jolie, cette jeune fille a ce je ne sais quoi qui plaît aux hommes, et puis elle pose son bonnet d'une façon tout à fait coquette, ou se coiffe à la chinoise dans la perfection. Cependant malgré ces dehors qui annoncent une personne qui aime à rire, mademoiselle Joliette sait fort bien rembarrer les galants qui voudraient se montrer trop entreprenants avec elle. Enfin ces deux jeunes grisettes (car je vous assure qu'il y a toujours des grisettes, bien qu'il y ait des gens qui le nient, mais ces gens-là me rappellent cet axiome latin : *Plus potest asinus negare quam philosophus probare !*) ces deux jeunes ouvrières, si vous aimez mieux ce mot, moi, j'aime mieux l'autre, ne reçoivent jamais personne, se rendent à leur magasin et en reviennent toujours à la même heure, et ont une superbe réputation de sagesse, que les mauvaises langues ne trouvent pas le moyen d'attaquer.

Tout ce monde-là était donc sur les paliers de la maison; les uns regardant en l'air, les autres en bas; ceux-ci riant, ceux-là criant, chacun parlant en même temps; au milieu de ce charivari, celui qui aurait dû arriver le premier, mais qui ne vient que le dernier, le portier, gravit enfin l'escalier, tenant son balai sur son épaule, comme s'il portait un fusil.

Le jaloux Altamort s'arrête au second et pose arme à terre en disant d'une voix gutturale :

— *De quoi t'est-ce* qui se permet de faire ce tapage indécent dans ma maison... car c'est ma maison, où que je représente la *propilliétaire !* qui m'a *invétéré* de ses pouvoirs ?

— Portier ! dit le dentiste, si vous la gardiez bien, votre maison, vous ne laisseriez pas des polissons, des drôles, changer les plaques des portes. Voyez ce qu'on a mis sur la mienne.

Le portier, qui ne sait pas lire, regarde la plaque et balbutie :

— Eh bien... c'est une plaque... vous avez toujours eu une plaque !...

— C'est une plaque ! Mais qu'est-ce qu'il y a dessus ?...

— Il y a... il y a... C'est une plaque, voilà tout... avec votre état dessus.

— Sacrebleu, portier, si vous ne savez pas lire, envoyez-nous votre femme, alors elle comprendra mieux que vous !

— Monsieur, mon épouse est en train de se corser, et je n'entends pas que personne la dérange dans ce mystère...

— Monsieur Altamort ! crie madame Pondérant, en

se penchant sur la rampe, on m'a fait le même tour qu'à M. le dentiste, on a mis sa plaque sur ma porte! ce qui m'expose à recevoir chez moi des gens qui ouvrent leur bouche comme des fours!... et me montrent jusqu'au fond de leur gosier!...

— Et moi, madame, on me fait lever pour que j'aille accoucher quelqu'un... Croyez-vous que ça m'amuse?...

— Eh! jarni! s'écrie Jean-Pierre, vous voyez bien que je n'avais pas tort, et qu'il y avait *sage-femme* sur votre porte!

— Madame Pondérant, rendez-moi ma plaque...

— Eh monsieur, je ne demande pas mieux... mais rendez-moi la mienne... Ah! on rit beaucoup là-haut... Cela divert't les messieurs du quatrième... Oh! je me doute bien d'où part le tour qu'on nous a joué!...

— Madame! dit Anatole en avançant la tête, tandis qu'au contraire Grenouillet relève la sienne pour tâcher d'apercevoir les jeunes filles du cinquième, madame, nous rions parce qu'en effet l'aventure est amusante, mais ce n'est pas une raison pour nous soupçonner d'être les auteurs de la plaisanterie qu'on vous a faite... Tenez, on rit aussi au-dessus de nous, et certainement vous ne soupçonnerez pas mes charmantes voisines d'avoir fait le changement de plaques!...

— Non, monsieur, je sais que ces demoiselles sont honnêtes et sages... mais vous trois du quatrième, ce n'est pas la même chose!

— Ah! madame Pondérant, c'est bien mal ce que vous dites là! s'écrie Grenouillet d'un ton moqueur. Nous accuser!... nous, qui adorons les sages-femmes...

— Oh! je vous reconnais, vous! Monsieur le portier, si vous ne donnez pas congé à monsieur, je vous déclare que je quitte cette baraque!

— Baraque!... ma maison une baraque, bredouille le portier, si jamais vous m'accouchez, il fera chaud!

— Eh mon tié! foila pien du pruit pour un pétise! dit le tailleur, il n'y a qu'à remettre les blaques à leur blace, et foilà tout!...

L'Allemand avait raison : on se décide à faire par où l'on aurait dû commencer : les plaques sont replacées, alors le tonnelier entre chez la sage-femme, la personne en bonnet rond va ouvrir la bouche chez le dentiste, et les voisins se réintègrent dans leur domicile. Mais le beau monsieur du premier est resté sur le carré, d'où il regarde assez souvent en l'air.

— La belle robe de chambre! dit Grenouillet, en lorgnant M. Dauberton; je m'en ferais facilement un paletot et deux gilets!

— Ah! c'est là ce monsieur si riche qui vit tout seul? dit Anatole, mais je le reconnais, ce monsieur-là!... Oui vraiment, je l'ai rencontré plusieurs fois, et vous ne devineriez pas où.

— Ce n'est pas à l'Opéra italien, c'est trop cher pour toi...

— Non, ce n'est pas aux Italiens... bien loin de là! c'est à la Closerie des lilas, puis chez *Pilodo*, puis une fois à Mabille, mais le plus souvent c'est à la Closerie, dont c'est un habitué.

— Allons donc! ce n'est pas possible, tu te trompes Grenouillet. Ce monsieur qui ne va pas dans le monde, qui vit comme un ours, à ce qu'on assure, irait danser dans les bals où le cancan est en faveur! ce n'est pas présumable.

— Je ne vous dis pas que ce monsieur danse; non, je ne l'ai jamais vu se livrer à cet exercice. Mais il regarde les autres, cet homme aime probablement à voir danser le cancan. Ensuite il regarde les jeunes filles, oh! il les regarde beaucoup! Plusieurs fois même je l'ai vu causer avec de ces demoiselles, puis leur payer des rafraîchissements; enfin chercher à faire connaissance...

— Tiens! tiens! c'est un faux ours, alors!

— Moi je crois que Grenouillet fait erreur.

— Mais non, je ne peux pas me tromper, ce monsieur a un tic d'ailleurs: il n'est jamais trois minutes sans passer sa main sur son front, comme quelqu'un qui aurait mal à la tête. Et tenez, voyez... qu'est-ce que je vous disais?

— C'est vrai, il passe sa main sur son front... Mais pourquoi ne reste-t-il pas chez lui? est-ce que c'est nous qu'il lorgne?

— Bêta! tu ne vois pas que ce sont les jeunes filles d'au-dessus qu'il regarde...

— Elles sont rentrées.

— Oui, mais elles vont bientôt sortir pour aller à

leur ouvrage, car toutes ces scènes ont pris du temps; l'amateur du premier guette leur passage.

— Ma foi ! bien du plaisir, dit Anatole, moi je vais me recoucher. Cependant la brunette est gentille, elle m'irait assez...

— Moi, je préférerais la blonde, dit Adolphe, et toi, Grenouillet?

— Moi je les aimerais bien toutes les deux.

— C'est toi qui avais changé les plaques, n'est-ce pas?

— Parbleu ! je m'en fais gloire ! Cette vieille Pondérant avait refusé de me dire l'heure hier. Est-ce que vous me désapprouvez?

— Non vraiment!

— Mais si on allait nous donner congé? dit Adolphe.

— Y penses-tu? madame Tournesol qui nous adore !... J'ai fait un effet superbe à son bal, et sans l'événement arrivé à... mais chut ! tu le sauras assez tôt...

— Quel événement?

— Rien... va te recoucher, Adolphe... tu as besoin de dormir...

— Vous me cachez quelque chose... Est-ce qu'il serait arrivé quelque malheur à mon pantalon?... C'est que j'ai une fête à souhaiter pour demain, chez mon oncle, un grand déjeuner dinatoire.

— Raison de plus pour aller te coucher, sans quoi après-demain tu auras mauvaise mine, et ton oncle dira que tu te déranges... Et toi, Grenouillet, est-ce que tu restes sur le carré pour voir passer les voisines?

— Oh! ma foi, non!... J'adore le beau sexe... mais je ne suis pas de fer... Allons dormir.

VIII

UN AMOUR TOUT SEUL

Lorsque ces trois messieurs du quatrième sont rentrés chez eux, une des jeunes filles du cinquième, la brune, paraît sur le carré, se penche sur la rampe et dit :

— Viens, Emma, les voisins d'au-dessous ne sont plus là... nous pouvons descendre... Ce n'est pas que ces jeunes gens me fassent peur, et je passerais fort bien devant eux, c'est toi qui ne veux pas...

— Oui, parce que ces messieurs nous parlent toujours... ils nous font des compliments... ou bien nous disent des bêtises...

— On ne les écoute pas !

— C'est ce que je fais, mais on les entend malgré soi !

— Ma chère amie, tu empêcherais plutôt la rivière de couler, que d'empêcher les hommes de dire des bêtises aux femmes... surtout quand elles sont gentilles... Après tout, ces messieurs d'au-dessous ne nous ont jamais rien dit d'inconvenant... D'abord il y en a un des trois qui ne parle pas.

— Ah ! oui, le plus maigre.

— Ensuite celui qui est joli garçon a l'air fat. Je suis persuadée qu'il croit que toutes les femmes sont amoureuses de lui !

— Ce n'est pas moi, toujours.

— Reste le troisième, celui qui se nomme Grenouillet.

— Il est vilain, celui-là.

— Eh bien, c'est celui que j'aimerais le mieux... Il est si drôle !... il trouve toujours moyen de vous faire rire. Je suis bien sûre que c'est lui qui a changé les plaques !

— Est-ce que tu trouves qu'il a bien fait ?

— Ma foi oui !... Les scènes étaient si amusantes... Tu verras comme nous ferons rire quand nous raconterons cela au magasin... Mais viens donc, il est tard, et il faut encore que nous allions déjeûner à notre crèmerie.

Mademoiselle Emma quitte sa chambrette, qui est tout à côté de celle de son amie.

Les deux jeunes filles descendent de leur cinquième,

tenant chacune leur panier-valise à leur bras. Arrivée au second étage, la timide Emma s'arrête en disant :

— Ah! mon Dieu, ce monsieur du premier est encore sur sa porte...

— Eh bien, qu'est-ce que cela nous fait? Il ne nous mangera pas, ce monsieur...

— Non, mais tu sais bien qu'il nous parle toujours aussi. Moi, je ne sais pas pourquoi j'ai peur de cet homme-là !

— Oh ! tu as peur de tout, toi !... Il est extrêmement poli, ce monsieur...

— Il est trop poli, c'en est fatigant.

— Allons, viens donc... est-ce que tu vas rester dans l'escalier à cause de ce monsieur?

Le personnage qui a une si belle robe de chambre se tenait en effet près de sa porte, et de façon à ce qu'on ne pût point descendre l'escalier sans qu'il se dérangeât. Mais lorsqu'il voit venir les deux amies, au lieu de leur livrer passage, il les salue en restant à sa place.

— Voilà mes jeunes voisines... Toujours aussi matinales?

— Oui, monsieur... Aujourd'hui nous sommes pourtant en retard... veuillez nous permettre de passer...

— Oh ! un moment! faites-moi le plaisir de vous arrêter deux minutes chez moi. Je voudrais vous faire goûter d'une liqueur excellente à prendre le matin...

— Merci, monsieur, mais nous ne prenons jamais de liqueur.

— Celle-là ne pourrait que faire du bien et donner des couleurs à mademoiselle, qui est toujours si pâle et semble si délicate.

— Je me porte fort bien, monsieur, répond Emma, j'ai toujours été pâle, et je ne tiens pas à avoir des couleurs...

— Pardon, mademoiselle, je ne voudrais pas vous avoir offensée... C'est dans l'intérêt de votre santé que je me suis permis de dire cela...

— Oh! cela ne m'offense pas... Mais viens, Joliette, nous sommes déjà en retard, et tu sais bien que nos parents nous attendent...

Ce monsieur n'ose plus s'opposer au passage. Les deux jeunes ouvrières le saluent et descendent vivement l'escalier. Quant à lui, après les avoir regardées partir, il rentre d'un air découragé, en se disant :

— Leurs parents les attendent!... Allons, je ne découvrirai encore rien de ce côté...Et pourtant, j'espère... Celle qui se nomme Emma a dans les traits une expression qui m'a frappé... Sa pâleur... son air maladif... avaient réveillé tous mes souvenirs... C'était une illusion!... on croit voir ce que l'on cherche, et l'on trouve des ressemblances là où il n'y en a pas.

Quand Emma et Joliette sont dans la rue, la première tourne souvent la tête pour regarder la maison qui est presque en face de la leur, et c'est surtout vers le quatrième étage que se portent ses regards. Mais sa compagne la tire par sa manche en lui disant :

— Eh bien… as-tu bientôt fini de regarder en l'air?… c'est inutile, M. Reginald n'est pas à sa fenêtre, il ne te voit pas… et d'ailleurs il te verrait qu'il y ferait peu attention…

— Mon Dieu, Joliette, que tu es méchante de me dire tout cela ! Tu crois toujours que je m'occupe de ce monsieur… que je ne connais pas… ou si peu !..

— Je crois ce que vois… Tu ne veux pas convenir avec moi que ce monsieur te plaît… qu'il a fait ta conquête… que tu en es toquée enfin…

— Ah ! Joliette… c'est très-mal de croire cela… Après tout, je puis bien penser un peu à ce monsieur qui m'a sauvé la vie… car sans lui… là, tiens où nous sommes, j'étais renversée par un omnibus…

— Oui, oui, tu m'as conté cela… Tu étais du mauvais côté du trottoir, l'omnibus passait si près, qu'il allait t'atteindre et peut-être te renverser, quand un jeune homme s'est élancé et t'a retirée en arrière si vite, si lestement, que la voiture a passé sans te toucher.

— Oui. Oh ! j'ai à peine eu le temps d'avoir peur… Je ne savais pas pourquoi j'avais été tirée si brusquement ; c'est une vieille dame qui m'a dit : « Ma foi, mon enfant, sans ce jeune homme, la roue de l'omnibus vous touchait, et qui sait ce qui serait arrivé !… » Alors, naturellement, j'ai beaucoup remercié ce monsieur, qui souriait en me disant : « J'ai eu plus peur que vous! » puis il a disparu. Mais le lendemain matin je fus bien étonnée, en me mettant à ma fenêtre, de voir ce même jeune homme à une fenêtre du quatrième de la maison qui est en face de la nôtre. Il était en veste du matin, je vis bien qu'il demeurait là... il ne me voyait pas, mais je restai longtemps à ma croisée, car je voulais absolument le saluer... pour lui faire voir que je le reconnaissais... Je lui devais bien cela!

— Tu lui devais! c'est-à-dire que ça te faisait plaisir. Enfin, il t'a vue, tu l'as salué, il t'a saluée, il me semble que cela pouvait être fini par là!... Mais mademoiselle, avec son petit air timide, a voulu savoir quel était ce monsieur qui logeait là, et le concierge s'est empressé de lui dire que c'était un musicien d'un grand talent, un pianiste qui ne donnait pas de leçons à moins de vingt francs le cachet... presque autant que nous gagnons dans une semaine; puis mademoiselle a voulu savoir le nom de cet artiste fameux...

— Dam! mon sauveur!...

— Laisse-moi donc tranquille avec ton sauveur, parce qu'il t'a garée d'une voiture! Mais j'en ai eu plus de cinquante, moi, qui marche comme une étourdie, de gens qui m'ont crié : Mademoiselle, prenez donc garde!... Mademoiselle, ne traversez pas maintenant... Gare! gare! vous alliez vous faire écraser... Ah! s'il fallait me souvenir de tous ces sauveurs-là, ça me prendrait trop de temps, et je m'y embrouillerais.

Emma ne répond rien. Joliette s'apercevant qu'elle

a fâché son amie, s'empresse de changer de conversation...

— Oh! tout à l'heure, tu as eu une bonne idée, Emma, de dire à ce monsieur du premier que nos parents nous attendaient... il n'a pas osé nous retenir davantage... Les parents ne nous gênent guère! Depuis que mon père s'est remarié avec une femme qui voulait me battre, j'ai dit adieu à la maison, et je n'y retournerai jamais... J'ai raison, n'est-ce pas?

— Oui, puisque ton père souffrait que sa nouvelle femme te maltraitât... c'est qu'il ne t'aimait plus...

— Et la preuve, c'est qu'il ne s'inquiète guère de ce que je fais... J'aurais pu me mal conduire... tourner de travers... j'étais bien libre, et sa femme en eût été enchantée, j'en suis sûre! Mais je ne lui procurerai pas ce bonheur-là... Toi, Emma, tu es orpheline, à ce que tu m'as dit... tu as perdu très-jeune ton père et ta mère?

— Oui... très-jeune...

— Qu'est-ce qu'il faisait, ton père?

— Il était ouvrier...

— Ouvrier en quoi?

— Mon Dieu? je te l'ai déjà dit, j'étais si jeune... je me souviens à peine... je crois qu'il était menuisier.

— Et ta mère?

— Elle cousait pour un tailleur.

— Et quand ils sont morts tous deux, qui est-ce qui a pris soin de toi?...

— Une sœur... de ma mère...
— Ta tante alors... Qu'est-elle devenue, cette tante-là ?...
— Elle est morte.
— Et tu n'as ni cousins ni cousines ?
— Personne !
— Moi j'en ai une ribambelle, mais comme ils font les gentils, les aimables près de ma belle-mère, pour qu'elle les invite à dîner, je leur ai dit : Zut ! et je ne les vois plus. Sais-tu pourquoi je te parle de tout cela aujourd'hui ? c'est que j'ai su par Pulchérie, la femme du portier, que ce monsieur du premier avait pris des renseignements sur nous, sur nos parents, nos familles.
— Il est bien curieux, ce monsieur-là ! qu'est-ce que tout cela peut lui faire ?
— C'est ce que j'ai dit à la portière, mais comme elle n'a pas sa langue dans sa poche, elle m'a assurée qu'elle avait répondu à ce monsieur : « Je ne crois pas que ces demoiselles soient nobles, mais je suis certaine qu'elles sont sages, ne reçoivent aucun homme, et ne s'occupent que de leur travail. »
— Ce qui n'a pas empêché ce monsieur de nous offrir d'entrer chez lui pour y prendre de la liqueur... Pour qui donc nous prend-t-il ? Je m'en plaindrai à la portière, et comme c'est elle qui fait le ménage de ce monsieur, je la prierai de lui dire de ne plus recommencer.

Ces demoiselles étaient arrivées devant la crèmerie

où chaque jour elles prenaient leur modeste déjeuner. De là, elles se rendent à leur magasin, où elles dînent, pour ne pas perdre de temps; elles y restent jusqu'à huit heures et demie dans la morte saison, et quelquefois, lorsque l'ouvrage presse, n'en sortent qu'à onze heures du soir. Mais ce jour-là l'ouvrage ne presse pas; à huit heures, les ouvrières prennent la clef des champs. On était au mois d'avril, le temps était beau et doux, plusieurs de ces demoiselles proposent d'aller faire une promenade aux Champs-Élysées. Joliette accepte, et dit à son amie :

— Tu veux bien venir promener un peu, n'est-ce pas? Il y a très-longtemps que cela ne nous est arrivé et nous finirons par sentir le moisi.

Emma prétexte un grand mal de tête et dit :

— Je préfère rester et me coucher; mais il ne faut pas que cela t'empêche de te promener. Va, Joliette, surtout ne reste pas tard.

— Ah! que c'est contrariant que tu aies la migraine, répond la brunette d'un ton un peu railleur. Cela t'a prise bien vite... Enfin, puisque tu préfères ne pas venir avec nous... à ton aise! Allons nous promener, mesdemoiselles.

Et Joliette s'éloigne avec ses compagnes, tandis que la jeune Emma se hâte de regagner sa petite chambre, puis de courir ouvrir sa fenêtre pour regarder si celles de son vis-à-vis le pianiste sont ouvertes, et si le voisin est chez lui; car, il faut bien dire la vérité, sa jeune amie ne se trompait pas en disant qu'Emma était tombée amoureuse de M. Reginald, et cet amour, comme tous ceux qui s'emparent d'un cœur encore vierge, était devenu sur-le-champ une passion. Cette jeune fille, jusque-là si indifférente aux propos galants qu'on lui tenait, cette jeune fille qui fuyait dès qu'un homme cherchait à lui parler, qui rougissait même à l'idée d'avoir un amoureux, était devenue tout à coup éprise d'un jeune homme qui ne lui avait pas dit un mot galant, qui ne l'avait pas remarquée, qui n'avait pas témoigné le moindre désir de faire sa connaissance. Pourquoi le cœur tout neuf d'Emma s'était-il ainsi laissé enflammer pour quelqu'un qu'elle ne connaissait pas, et qui dans la rue lui avait rendu un de ces services que le premier passant se serait empressé de lui rendre?

Vous me demandez pourquoi cet amour était né si vite et si fort?... Ah! il serait bien savant celui qui saurait comment et pourquoi vient l'amour. Celui qui comprendrait quelque chose à ces bizarreries du cœur humain, qui rapprochent deux êtres qui semblaient destinés à ne jamais se connaître, ou qui, après avoir laissé vivre dans la plus parfaite indifférence deux personnes qui se voient tous les jours, les fait un beau matin tomber tout à coup amoureuses l'une de l'autre!

Vouloir sonder les profondeurs du cœur féminin est une besogne à laquelle on userait en vain son temps et sa science. Tant il y a que mademoiselle Emma, la douce, la timide fillette, qui ne comprenait pas que l'on pût avoir un amoureux, a ressenti un trouble inconnu en regardant M. Reginald, qui venait de lui faire éviter le contact d'un omnibus; que depuis cet instant elle a pensé constamment à ce jeune homme, que non contente d'y penser toute la journée, elle en a rêvé la nuit, et, ainsi que le lui a dit Joliette, n'a pas eu de cesse qu'elle n'ait su le nom, l'adresse, la position, l'état de celui qu'elle persiste à appeler son sauveur, peut-être pour trouver elle-même une excuse à l'intérêt qu'elle lui porte.

La sensible Emma a été bien heureuse en apprenant que son sauveur était son voisin, qu'il logeait au quatrième étage dans la maison qui fait face à celle qu'elle habitait; aussitôt la jeune fille, qui jusqu'alors n'avait fait aucune attention à la maison d'en face, va se planter à sa croisée, et, de là, elle plane sur le quatrième de son voisin, qui est plus bas qu'elle d'un étage, ce qui lui permet de plonger ses regards assez avant dans son appartement.

Le quatrième de l'artiste semble très-confortable, mais maintenant à Paris, les logements sont tout aussi bien décorés dans le haut que dans le bas d'une maison. M. Reginald avait trois fenêtres sur la rue. Une devait être pour sa chambre à coucher, les deux autres pour son salon. Et comme ces fenêtres étaient souvent ouvertes, on pouvait facilement apercevoir un ameublement élégant, tout ce qui annonce l'aisance et le bon goût.

Emma avait vu tout cela d'un coup d'œil, car on ne peut pas se figurer tout ce que les femmes aperçoivent d'un seul coup d'œil, c'est à ne pas le croire! Puis Emma était restée ce matin-là à sa fenêtre jusqu'à ce que M. Reginald se fût montré à la sienne. Le jeune homme y avait paru enfin, mais il ne regardait pas du côté d'Emma, ses yeux ne se portaient point vers les croisées mansardées du cinquième en face, et pourtant la jeune fille faisait son possible pour être vue; elle allongeait le cou, parlait à son pot de géranium, comme si elle avait eu affaire à un oiseau, puis elle se penchait entièrement, beaucoup trop même, car elle risquait de tomber dans la rue... mais elle voulait à toute force être remarquée! et qu'importe le danger à une femme, quand il s'agit de son amour!

Enfin le voisin avait aperçu la fillette du cinquième, celle-ci s'était empressée de le saluer, le jeune artiste avait rendu le salut comme quelqu'un qui ne reconnaît pas une personne, mais qui rend politesse pour politesse, puis il avait quitté sa fenêtre, et alors Emma avait aussi quitté la sienne, en se disant:

— M'a-t-il reconnue pour celle qu'il a sauvée hier?

Pendant les matinées qui suivirent celle-ci, Emma s'était toujours levée bien plus tôt qu'à l'ordinaire pour se mettre à sa croisée. Mais souvent celles du vis-à-vis restaient fermées, ou quand elles s'ouvraient et que M. Reginald y paraissait, il ne portait pas les yeux du côté de celle qui aspirait tant après un seul de ses regards. La pauvre petite que l'heure du travail appelait, était forcée de quitter sa croisée sans avoir été vue de son voisin. Ces jours-là elle était plus triste, plus silencieuse que de coutume; et Joliette, qui depuis longtemps observait son amie, qui, de chez elle, savait tout le temps que sa camarade d'atelier passait à sa fenêtre, avait aisément deviné le secret d'Emma, et s'était ensuite permis de se moquer un peu de sa passion pour quelqu'un qui ne faisait aucune attention à elle. Joliette n'était pas sentimentale: en fait de roman, elle n'aimait que ceux qui étaient gais et naturels; franchement je ne lui en fais pas un reproche.

Maintenant vous savez pourquoi Emma a refusé d'aller en promenade avec ses compagnes. Depuis quelques jours le temps était doux et beau, alors, chez M. Reginald, on laissait souvent les fenêtres ouvertes, et quand ce monsieur était chez lui, le soir, grâce aux bougies qui éclairaient son salon, on voyait dans son intérieur infiniment mieux que pendant le jour. Vous comprenez que le plaisir de voir chez le voisin était bien plus fort que celui que l'on aurait goûté à se promener.

X

EN REGARDANT CHEZ LE VOISIN

De la rue Emma avait vu qu'il y avait de la lumière chez M. Reginald ; aussi avait-elle gravi lestement les cinq étages, sans même répondre à Grenouillet, qu'elle avait rencontré dans l'escalier, et qui lui avait dit :
— Comment ! vous rentrez seule ? par quel hasard ! qu'avez-vous donc fait de votre inséparable... de cette espiègle Joliette qui me rit au nez quand je lui parle ?...
Et, ne recevant pas de réponse, Grenouillet avait ajouté :
— Celle-ci ne me répond pas... décidément j'aime mieux l'autre... elle me rit au nez, c'est vrai, mais c'est plus gai.

6

Emma avait hâte d'être chez elle, d'ouvrir sa croisée, de s'y placer, puis de s'assurer si son sauveur était chez lui. Reginald était en effet assis devant son piano, il exécutait un morceau. Mais ce soir-là, il ne semblait pas jouer avec autant d'ardeur que de coutume ; il s'arrêtait souvent, il avait alors l'air d'écouter, puis il faisait un mouvement d'impatience et se remettait à jouer.

— Qu'a-t-il donc? se dit Emma, qui suivait tous les mouvements du jeune musicien, et cherchait à deviner sa pensée dans ses gestes, dans ses mouvements, dans la manière dont il marchait dans sa chambre. Comme il semble agité, impatient ce soir!... Bon, le voilà qui se lève... qui arpente son salon... Ah! il se met à sa fenêtre... Oh! je n'ai pas besoin de quitter la mienne, à coup sûr il ne me voit pas... Je n'ai point de lumière, moi, je suis dans une complète obscurité... et d'ailleurs j'aurais beau éclairer ma mansarde, ses regards ne se portent jamais de mon côté!... M'a-t-il reconnue, le jour qu'il m'a rendu mon salut... je crois bien que non!... comment m'aurait-il reconnue! dans la rue il m'a à peine regardée... Mon Dieu! je suis bien folle de penser sans cesse à ce jeune homme qui ne pensera jamais à moi... D'abord il est dans une position trop au-dessus de la mienne... il doit être riche, à en juger par son beau logement qui est si bien meublé... Moi, je ne suis qu'une pauvre ouvrière... pauvre n'est pas le mot, car je gagne bien assez pour vivre et subvenir à tous mes besoins...

Joliette prétend que j'ai beaucoup de talent, que si je le voulais je pourrais gagner le double de ce qu'on me donne à l'atelier... Mais je n'ai pas d'ambition, moi... je ne veux pas changer de patron... le nôtre demeure près d'ici... Je ne veux pas changer de logement... Oh! jamais!... ma petite chambre me plaît tant maintenant!... Joliette se moque de moi, elle a deviné une partie de mon secret... Mon Dieu, est-ce ma faute, si je ressens pour ce jeune homme un sentiment que je n'avais jamais éprouvé?... Cela m'agite... cela me rend tout autre que je n'étais, c'est vrai, et malgré cela je ne me repens pas de ne plus être indifférente comme autrefois... Ce sentiment que j'éprouve ne me rend pas malheureuse!... Autrefois je m'ennuyais souvent, à présent je ne m'ennuie jamais! N'importe où je suis j'ai une pensée, une image qui me suit partout! Oh! c'est bien gentil cela... je ne suis plus jamais seule... il est toujours avec moi... Que serait-ce donc s'il m'aimait!... Ah! je n'ose pas m'arrêter à cette idée... être aimée de celui qu'on chérit, ce doit être le paradis sur la terre... Et pourtant j'entends beaucoup de ces demoiselles parler de leur bon ami, avec qui elles passent tous leurs dimanches, et elles n'ont pas l'air d'avoir été dans le paradis.

« Probablement toutes les femmes n'aiment pas de la même manière!... La preuve, c'est qu'à l'atelier ces demoiselles passent leur temps à se raconter leurs amours, et que mon plus grand bonheur, à moi, est de ne point parler de ce que j'éprouve, et de garder tout cela au fond de mon cœur, où je voudrais que personne ne pût jamais le découvrir.

« Allons! le voilà encore qui va au fond et semble écouter... il a l'air d'attendre quelqu'un... Qui peut-il attendre le soir?... Un élève, peut-être?... il y a des élèves qui ne peuvent prendre des leçons que le soir... Je verrai bien s'il donne une leçon... Mon Dieu, si ce monsieur savait que j'épie tout ce qu'il fait, que je vois tout ce qui se passe chez lui... ah! je serais bien honteuse, et cela le fâcherait contre moi, peut-être... Mais il ne s'en doute pas! et Joliette prétend que dans le monde on passe son temps à chercher à savoir ce que font les uns et les autres... Ah! il prend un livre... mais je gagerais qu'il ne sait pas ce qu'il lit... Moi aussi autrefois j'aimais bien la lecture... Grâce au ciel, je me suis appris à écrire sans faire trop de fautes... Ah! j'aurais voulu être savante... et s'il me faut rougir de mes parents... du moins je voulais ne point rougir de mon ignorance... Mais aujourd'hui je ne peux plus lire... je pense toujours à autre chose qu'à ce que je lis... Joliette a raison... je n'ai pas le sens commun... Ah! il jette son livre de côté... j'en étais sûre!... il se remet à sa fenêtre... Tiens, le voilà qui court au fond... Oh! c'est sans doute les personnes qu'il attendait qui lui arrivent... »

Ce M. Reginald, que nous ne connaissons encore que par ce qu'en a dit la jeune Emma, est un assez joli garçon âgé de vingt-sept ans, ayant de grands yeux doux et tendres, qui pouvaient bien faire des conquêtes... Le reste de sa personne ne gâtait point le charme de ses yeux. Ce jeune homme, né de parents fort à leur aise, était destiné à faire un avocat; mais il n'avait aucune vocation pour cette profession, dans laquelle un honnête homme est souvent forcé de défendre un infâme gueux, de chercher à pallier, à faire excuser des délits, des crimes même, enfin de s'efforcer de rendre innocent un individu que, dans le fond de son cœur, il méprise profondément...

Reginald avait voulu être artiste, il était né musicien; car on naît musicien comme on naît poëte et rôtisseur; une oreille juste est un don de la nature que les leçons des meilleurs maîtres ne feront jamais acquérir à celui qui ne l'a pas reçu en naissant. Mais Reginald avait tout ce qui constitue le véritable artiste. En fort peu de temps il avait acquis une force supérieure sur le piano, il jouait agréablement du violon et du piston, enfin il composait des airs charmants, et comme *Jean-Jacques*, s'était appris lui-même la composition... Et malgré tout cela il ne portait pas ses cheveux longs et traînant sur son cou... Comme ces grands talents qu'on ne comprend pas, cependant sans être positivement romantique, il avait une tête exaltée et capable de se livrer à de grandes illusions.

Au total, Reginald était un fort bon garçon, un peu vif, un peu emporté, mais obligeant, sensible, incapable d'une méchanceté, d'une médisance. Inutile de vous dire qu'il était très-aimant, très-sensible... un parfait musicien qui ne serait pas sensible, ce serait un cuisinier qui aurait perdu le goût.

On avait en effet sonné chez le jeune homme du quatrième; il s'était empressé de courir ouvrir, car il attendait quelqu'un, et ce quelqu'un devait être une dame... Est-ce qu'il aurait montré tant d'impatience s'il ne se fût agi que d'un homme!

La dame qui vient d'entrer dans le salon de Reginald est mise avec beaucoup d'élégance, et porte sa toilette avec grâce. C'est une femme qui a bien vingt-sept ans, peut-être plus... avec les dames on n'est jamais sûr de rien. Elle est jolie, sa figure a une expression de malice, d'enjouement, qui séduit; c'est une brune très-piquante, c'est une femme qui sait faire valoir tous ses avantages : il y a de la coquetterie dans chacun de ses mouvements.

Elle s'est arrêtée à la porte du salon, elle a paru hésiter avant d'entrer... Reginald lui prend la main et la fait asseoir sur un divan qui est en face de son piano. A peine assise, elle ôte son chapeau et le jette de côté. L'artiste a voulu s'asseoir à côté d'elle, mais elle ne veut pas, et lui fait signe de prendre une chaise; il obéit, mais il place sa chaise devant cette dame, bien près, tout près... Leurs genoux doivent se toucher.

Emma a vu tout cela, elle ne perd rien de ce qui se passe chez le voisin. D'abord elle a cru que c'était une élève qui venait prendre une leçon, mais elle s'étonnait de la voir venir seule, les jeunes élèves ayant l'habitude de se faire accompagner. Bientôt, en examinant cette dame, elle a compris que ce n'était pas une élève; la tournure, la figure, la toilette de cette dame, tout cela lui déplaît déjà; elle écarquille ses yeux pour la mieux voir, elle voudrait bien entendre ce qu'elle dit; mais il n'y a pas moyen, le son de la voix ne traverse pas la rue; du moins, si elle ne peut entendre ce que se disent ces deux personnes, elle tâchera de le deviner par leurs gestes, par leur pantomime, par leurs moindres actions.

Ses regards sont attachés sur le couple qu'elle peut voir fort bien, parce que le divan n'est pas placé au fond de la pièce; le tonnerre tomberait à côté de la jeune fille, qu'il ne lui ferait pas tourner la tête. Son cœur bat avec violence, car déjà elle devine que cette femme qui est chez Reginald est une rivale, ou, pour parler plus justement, est aimée de cet homme qu'elle a la folie d'aimer aussi.

« Comme il lui parle avec feu!... comme il s'approche d'elle en lui parlant! se dit la pauvre fille, qui souffre déjà de ce qu'elle voit. Que peut-il donc lui dire?... cela fait rire cette dame... Qu'est-ce que cela signifie de rire ainsi?... Ah! je comprends... elle a de belles dents, Dieu merci, elle les montre assez... Eh bien!... ce monsieur lui prend la main... pourquoi donc lui prend-t-il la main?... Il doit la serrer dans la sienne... oui, je suis sûre qu'il la serre tendrement... Allons! il lui baise la main à présent... il en est donc bien amoureux de cette dame!...

Ah! c'est singulier… il me semble que j'étouffe… j'ai là comme un poids qui m'oppresse… Qu'elle est heureuse cette femme! Il lui baise la main et ça la fait rire… moi, il me semble que cela me ferait plutôt pleurer de joie… Eh bien!… c'est elle qu'il veut embrasser à présent… Ah! elle le repousse, c'est bien heureux! mais elle le repousse en riant… Madame, ce n'est pas comme cela qu'on doit repousser quelqu'un… la preuve, c'est que le voilà qui recommence… Ah! mon Dieu! elle ne le repousse plus!… »

Emma cache sa figure dans ses mains… elle n'ose plus regarder, elle reste ainsi quelques instants, puis enfin la curiosité l'emporte, elle ôte ses mains de devant ses yeux… elle veut voir encore… mais pendant qu'elle ne regardait pas, on a fermé la fenêtre, et maintenant on ne peut plus rien apercevoir.

Alors une réaction s'opère chez la jeune fille; à cette fièvre qui l'agitait succède un profond abattement, elle quitte sa croisée, se laisse aller sur une chaise, et un torrent de larmes coule de ses yeux, mais ces pleurs la soulagent, et elle les laisse inonder son visage en murmurant :

— Ah! c'est fini… je ne regarderai plus chez lui!…

X

CASTOR ET POLLUX

Le lendemain du bal donné par madame Tournesol, le jeune Adolphe a été stupéfait lorsqu'en voulant plier son pantalon neuf, il aperçoit l'énorme déchirure faite au fond et horriblement recousue par le jaloux Altamort, qui, pour rapprocher les parties déchirées, s'était servi d'un fil avec lequel il raccommodait les souliers.

Adolphe montre à Grenouillet le fond de sa culotte en lui disant :

— Voilà donc comme tu arranges mes vêtements lorsque j'ai la bonté de te les prêter!... c'est indigne!

— Ce n'est pas moi qui ai déchiré ton pantalon,

c'est Anatole, tu ne te souviens donc pas qu'il était beaucoup trop étroit pour lui, et qu'il a eu infiniment de peine à entrer dedans?...

— Oui, mais il y était entré enfin, et j'ai bien vu alors que mon pantalon n'avait pas craqué.

— Il l'aura fait craquer plus tard en dansant, je m'en suis bien aperçu quand j'ai été pour le mettre; si tu n'avais pas été alors endormi, je te l'aurais fait voir sur-le-champ, mais je n'ai pas voulu te réveiller pour te montrer cela; je me suis dit : Il le verra assez tôt!... C'est le portier qui l'a recousu.

— On s'en aperçoit... c'est saveté.

Le pauvre Adolphe court alors chez Anatole Bizon, qui dormait profondément, et lui crie aux oreilles :

— C'est donc toi qui as déchiré mon pantalon?

Le gros jeune homme qui rêvait qu'il dansait la mazurke avec une princesse russe, repousse brusquement Adolphe en murmurant :

— Veux-tu bien me laisser dormir, imbécile, qui viens me réveiller au plus beau moment de mon rêve !

— Pourquoi as-tu déchiré mon pantalon?

— Pourquoi as-tu des pantalons si étroits qu'on ne peut y fourrer que des manches à balai?...

— Et pourquoi l'as-tu fait si mal recoudre?... c'est à recommencer.

— Porte-le chez *Dussautoy* et fiche-moi la paix.

Adolphe s'éloigne avec son pantalon sur le bras, en se disant :

— Il se moque encore de moi !... Que j'aille chez *Dussautoy*, un des meilleurs tailleurs de Paris, pour faire raccommoder un pantalon !... je serais bien reçu... Ma foi, je vais aller chez le tailleur du second... Après tout, c'est son état de faire des reprises...

Et le commis en nouveautés va sonner au second, chez le tailleur, auquel il présente son vêtement déchiré, en le priant de vouloir bien le lui recoudre ; mais l'Allemand lui ferme la porte au nez, en lui disant :

— Che raccommode bas les quilottes que chai bas confectionnées !

Obligé de se rendre à son magasin pour faire sa besogne, Adolphe avait remonté son pantalon, remettant au soir à le faire recoudre convenablement. En effet, aussitôt ses occupations terminées, il était rentré chez lui, d'où il était presque aussitôt ressorti avec son pantalon neuf roulé so s son bras.

C'est ce même soir que Grenouillet a vu Emma rentrer seule, et qu'il a essayé de lui parler. Mais nous avons vu comment la jeune fille, empressée de rentrer chez elle pour se mettre à la croisée, a coupé court à la tentative de son voisin. Celui-ci est resté dans l'escalier, ne sachant que faire de sa soirée ; n'ayant pas d'argent pour aller au spectacle, il descend, puis remonte les escaliers, s'arrêtant sur chaque palier, et se grattant le front, en se disant :

— Qu'est-ce que je pourrais donc bien faire ce soir pour m'amuser ?... J'ai changé les plaques hier... je ne puis pas recommencer tout de suite aujourd'hui... D'ailleurs je crois que cette fois ils les ont clouées de la bonne façon... Ah! je me rappelle que ce matin M. le dentiste a dit que nous étions des polissons, des drôles... Il ne m'a pas positivement nommé, mais je suis sûr que c'était à moi que cela s'adressait... Parbleu, mon bon ami, il faut que je t'apprenne à qui tu as affaire... Voyons... je dois avoir de la cire molle chez moi... Oui, d'ailleurs, il m'en faut très-peu.

Grenouillet monte vivement à la chambre qu'il partage avec Adolphe, il trouve dans un tiroir de la cire molle verte, il en prend gros comme une petite noisette, la pétrit dans ses doigts, puis la fourre dans sa bouche, à la place d'une dent de côté qui lui manquait. Il façonne cela de manière à ce que cela ait la forme et la hauteur d'une dent; puis enfonce une vieille casquette sur sa tête, et tenant son mouchoir sur son visage, va sonner chez le dentiste.

La domestique ouvre :
— M. le dentiste y est-il?
— Oui, mais il n'a pas pour habitude d'arracher des dents le soir...
— Oh! pour une fois par hasard... Je souffre comme un damné... Aye! aye...
— Eh bien, entrez, je vais prévenir monsieur.

La domestique va chercher son maître. Grenouillet se jette dans le grand fauteuil de cuir qui est de tradition, et continue de se cacher la figure avec son mouchoir. Le dentiste arrive, il voit un homme qui se tient la tête en poussant de profonds gémissements et en faisant des contorsions horribles, il ne peut reconnaître un de ses voisins du quartier et s'écrie :

— Diable, monsieur, il paraît que vous souffrez beaucoup ?

Grenouillet ne répond que par des signes de tête.

— Voyons... ouvrez votre bouche... très-grande... c'est cela, c'est de ce côté? Oh oui, je vois une dent qui est horriblement gâtée... Elle est verte... Oh! nous allons vous enlever cela, car certainement elle gâterait les autres. Tenez bien votre tête en arrière... et n'ayez pas peur... Je ne m'y reprendrai pas à deux fois... j'ai une poigne de fer.

Grenouillet fait ce qu'on lui dit. Le dentiste introduit son instrument, le fait jouer, puis tire de toute sa force et tombe sur son derrière, parce qu'au lieu de trouver des obstacles, il n'a étreint que de la cire molle qui n'a pas fait la moindre résistance pour sortir.

— Qu'est-ce que cela veut dire? s'écrie le dentiste vexé de sa chute.

Alors Grenouillet ôte sa casquette, le salue et lui rit au nez en lui répondant :

— Cela veut dire, cher voisin, que vous arrachez parfaitement les dents en cire molle, et cela sans douleur...

— Que vois-je! un de ces messieurs du quatrième... Ah! vous vous êtes moqué de moi... et vous croyez que cela se passera comme cela?... Demain je porterai plainte, monsieur.

— Portez plainte si vous voulez, on saura alors que vous prenez de la cire molle pour une dent, cela ne pourra qu'ajouter à votre réputation... Bonsoir, voisin !

Grenouillet a regagné l'escalier, il est enchanté de lui, et rit tellement fort, que le portier ouvre la porte de sa loge et sort en s'écriant :

— Q'est-ce qu'il y a s'*encore?* Il est donc à dire dorénavant, *quant s'et quante* on voudra être tranquille chez soi, qu'il faudra sortir de son foyer! Ah! c'est encore M. de la Grenouille qui se promène dans les *estecaliers*... Aldegonde, ne sors pas de la loge, je te le défends itérativement !

— Oui, monsieur Roch, oui, c'est moi qui viens vous demander raison de votre vilaine conduite. Vous avez hier laissé une énorme aiguille dans le drap du pantalon que je portais... ce n'était pas pour m'être agréable, sans doute?

— Monsieur, si l'aiguille est restée après le pantalon, c'est un oubli !... Après tout, vous n'aviez qu'à ne pas présenter votre pleine lune à mon épouse, et cela ne serait pas arrivé. J'ai défendu à Aldegonde de vous faire des reprises n'importe *s'où !*

— Portier, vous êtes une huître !

— Monsieur, je représente la propriétaire, et je lui dirai comment vous l'appelez.

Le concierge rentre majestueusement dans sa loge,

et Grenouillet recommence à se promener d'étage en étage, en se disant :

— Il est fort amusant, le portier ! si j'étais vaudevilliste, je le mettrais bien vite dans une pièce... Il faudra que je lui demande de ses cheveux.

Au bout de quelque temps, Joliette revient de sa promenade; Grenouillet l'attendait au premier étage.

— Voilà l'aimable Joliette qui rentre... et sans son amie, car celle-ci est rentrée depuis longtemps.

— Ah ! vous savez cela, monsieur Grenouillet ?

— Je dois le savoir, j'ai rencontré votre amie dans l'escalier...

— Vous passez donc votre temps dans l'escalier, vous, monsieur ?...

— Cela me réussit, puisque cela me procure le plaisir de vous rencontrer.

— C'est un plaisir bien court, en tous cas !

— Parce que vous ne voulez pas qu'il soit plus long ! Si vous me permettiez d'entrer causer chez vous...

— Mais je ne le permets pas. Bonsoir, monsieur...

— Bonsoir, inhumaine !...

— Eh bien, vous montez !...

— Il me semble que je demeure aussi en haut... il faut donc que je monte.

— C'est juste... Mais nous voici au quatrième où vous demeurez... et vous montez encore ?

— Je veux avoir le plaisir de vous reconduire jusqu'à votre porte...

— Mon Dieu, comme vous êtes galant ce soir !
— Je suis pas galant, je suis amoureux... Vous savez bien de qui !
— D'Emma, mon amie...
— Oh ! non... vous savez bien que c'est vous qui m'avez volé mon cœur !
— En tous cas, je ne l'ai pas fait exprès !
— Exprès ou non, vous le possédez !...
— Monsieur Grenouillet, voilà ma porte ouverte, bonsoir...
— Laissez-moi me faufiler quelques minutes chez vous !
— Non, monsieur, un homme seul ne se faufile pas chez moi...
— Alors je vais m'étendre sur votre paillasson, vous m'y retrouverez demain matin... et vous me passerez sur le corps pour sortir !...
— Ce serait joli ! vous voulez donc me compromettre ?
— Moi ! plutôt cent fois manger un ordinaire aux choux ! et le ciel m'est témoin que c'est un plat que je n'aime pas.
— Eh bien, alors allez-vous-en.
— Il est de bonne heure... causons encore un peu...
— Comme cela, sur le carré ?
— Puisque vous ne voulez pas que j'entre chez vous...
— Que vous êtes bavard ce soir !...

— Par quel hasard votre amie et vous n'êtes-vous pas rentrées ensemble?...

— Ah! vous êtes bien curieux!

— Cela m'a semblé singulier, car vous ne vous quittez presque jamais...

— Mon Dieu, nous avions un peu de temps de reste, j'ai été me promener avec des camarades de l'atelier, Emma n'est pas venue avec nous parce qu'elle avait mal à la tête... voilà tout!

— Ah! je voudrais que cette circonstance se renouvelât souvent, car lorsque vous êtes avec votre amie, on ne peut pas causer une minute avec vous!... et c'est si gentil de causer avec une femme qui a le nez retroussé et l'œil agaçant...

— Mon Dieu! que vous êtes bête ce soir!

— Si je ne le suis que ce soir, c'est que j'ai fait des progrès...

— Attendez!... on monte l'escalier...

— Eh bien, qu'est-ce que cela nous fait? on ne peut pas monter jusqu'ici, puisque votre amie est rentrée et que vous occupez seule ce dernier étage... à moins que ce ne soit une visite qui vous arrive... auquel cas je me retirerais, car je ne voudrais pas vous gêner en rien!

— Non, monsieur, je n'attends pas de visite à dix heures du soir; d'ailleurs vous savez bien que nous n'en recevons jamais...

— Oh! je reconnais celui qui monte. C'est Adolphe, mon camarade de chambre...

— Qu'est-ce qu'il a donc ce soir, votre ami ? il parle tout seul... il a l'air de pousser des gémissements...

— C'est vrai... il a certainement quelque chose...

— Pauvre garçon ! il se plaint... il est peut-être malade...

— Attendez, nous allons savoir... Le voilà au quatrième... Adolphe ! ohé, Adolphe !... lève le nez... et dis-nous ce qui te fait soupirer comme le bœuf gras pendant sa dernière promenade.

Le jeune commis revenait avec son pantalon, qu'il n'était pas parvenu à faire raccommoder ; c'est pourquoi il frappait du pied sur le carré, en s'écriant :

— Faut-il que j'aie du guignon !... et il faut que je le mette demain matin pour aller déjeuner chez mon oncle, qui déjeune de bonne heure !

En s'entendant appeler, Adolphe relève la tête :

— Qu'est-ce qui m'appelle ?

— C'est moi, Grenouillet, ton cohabitant...

— Qu'est-ce que tu fais donc là-haut ?

— Je cause avec notre aimable voisine, mademoiselle Joliette, qui a bien voulu me recevoir sur son carré... Mais pourquoi donc gémis-tu ainsi ?... est-ce qu'on t'a volé ?

— Oh ! je n'ai jamais peur d'être volé, moi ! mais c'est mon pantalon... mon beau pantalon neuf, que vous m'avez si bien déchiré au fond...

— Ce n'est pas moi... Je t'ai dit que c'était Anatole, qui se permet d'avoir une rotonde trop évasée !

— Enfin je ne puis pas trouver quelqu'un qui veuille bien me faire une reprise perdue... Celle qu'on a faite est ignoble... j'ai demandé au tailleur du second, il m'a refusé; au portier, il m'a appelé trouble-ménage. J'ai été chez des personnes très-bonnes pour moi, elles étaient sorties ; une autre avait au doigt un mal d'aventure... enfin il m'a été impossible de faire raccommoder mon vêtement, et pourtant il faut que je le mette demain pour aller fêter mon oncle !

— Comment, monsieur, c'est pour cela que vous sembliez si malheureux? dit Joliette en se penchant sur la rampe.

— Mais, mademoiselle, il me semble que j'en ai bien sujet...

— L'avez-vous là, votre pantalon?

— Oui, mademoiselle, oh! il ne m'a pas quitté de la soirée!

— Eh bien, montez, je vais vous l'arranger, moi, et ce sera bientôt fait!...

— Ah! mademoiselle, il serait possible?... vous auriez la bonté?...

— Monte donc, nigaud, ne vas-tu pas faire des façons !

Adolphe est bientôt près de Joliette, à laquelle il présente son pantalon, en lui disant :

— Ah! mademoiselle, vous êtes ma providence !...

— Mon Dieu, monsieur, pourvu que votre providence ait du fil noir... en tous cas, j'ai de la soie noire, et cela ira tout de même...

— Oh! oui, mademoiselle... ce sera même plus solide !

La jeune ouvrière ouvre sa porte et entre chez elle, où elle a bien vite de la lumière; alors elle dit à ses voisins :

— Vous pouvez entrer, messieurs.

Grenouillet est en deux enjambées chez la jeune fille. Là, il s'écrie :

— O Adolphe! je te bénis! toi qui m'as ouvert l'entrée de cette *oasis* où l'on ne voulait pas m'admettre tout seul !...

— Dame! c'est bien naturel, un monsieur qu'on reçoit seul, ça fait jaser; tandis que lorsqu'ils sont plusieurs, c'est sans conséquence. Mais asseyez-vous donc, messieurs, j'ai quatre chaises, Dieu merci... Ce n'est pas élégant chez moi, mais au moins je puis répondre qu'il n'y a pas de poussière sur mes meubles.

— Pas élégant ?... ô céleste voisine! mais c'est-à-dire que c'est charmant chez vous... Tout reluit, tout est brillant, frotté... Cette chambre est un petit bijou! On y respire un air parfumé! ça sent l'eau de Cologne!

— C'est mon odeur favorite... quelquefois j'en asperge ma chambre.

— Une jolie femme à l'eau de Cologne! voilà mon rêve!

— Vous allez donc encore dire des bêtises!...

— Dame! à moins que je ne devienne muet!...

— Oh! mais, monsieur Adolphe, comment avez-vous

donc fait pour déchirer ainsi votre vêtement?... vous n'êtes cependant pas bien gros...

— Ce n'est pas moi qui l'ai déchiré, mademoiselle, c'est Anatole, à ce que prétend Grenouillet... Nous avions un bal chez notre propriétaire... Et il fallait être bien mis, nous n'avions pu à nous trois nous confectionner qu'un seul costume complet... que nous avons endossé chacun à notre tour... Sans cela nous n'allions pas au bal.

— Tiens, c'était une assez bonne idée...

— Et puis, entre amis, ce qui est à l'un est à l'autre...

— Oui, mais il ne faudrait pas que l'autre fût gros comme Anatole!...

— Prenez garde, monsieur Adolphe, en tirant votre mouchoir, vous venez de faire tomber une lettre de votre poche...

— Ah! vous avez raison, mademoiselle, c'est une lettre que le portier vient de me donner quand je suis rentré, mais j'étais si occupé de mon pantalon, je n'y pensais plus... je ne l'ai pas encore ouverte...

— Hum! mauvais sujet! c'est que tu as reconnu l'écriture, et que c'est d'une maîtresse que tu n'aimes plus!

— Oh! par exemple!... D'abord je n'ai pas de maîtresses... et quand j'en ai...

— Elles ne savent pas écrire?

— Elles n'écrivent jamais, de peur de se compromettre... Je ne connais pas du tout cette écriture-là...

7.

— Eh bien, ouvre donc cette lettre... tu vas peut-être trouver là-dedans un billet de banque...

— Oh ! je n'en attends pas !

— Raison de plus...

Adolphe décachette la lettre, puis il commence à la lire tout bas, mais bientôt il pousse un cri, se laisse aller sur sa chaise comme s'il se trouvait mal, en balbutiant :

— Ah ! mon Dieu... il serait possible !... ce n'est pas un rêve !...

— Eh bien, qu'est-ce qu'il a donc?... est-ce que tu es nommé premier ministre?...

— Seize mille huit cents francs à moi !... une fortune colossale...

— Que diable nous chantes-tu?... explique-toi donc...

— Tenez, mes amis... pardon, mademoiselle, si je vous appelle mes amis, mais la joie...

— Il n'y a pas de mal, monsieur !

— Mais veux-tu bien t'expliquer, enfin !

— Écoutez ce qu'on m'écrit... C'est un notaire de Paris... «Monsieur, si vous êtes bien le nommé Adolphe Durard, âgé de vingt ans, né à Chelles, près de Paris, et fils de Pierre-Nicolas Durard, jadis pâtissier, veuillez vous rendre à mon étude pour y toucher la somme de seize mille huit cents francs, que vous a léguée votre cousin Michel Durard, qui vient de mourir à Lyon, sans enfants, et qui a su que vous étiez le plus pauvre de votre famille, et que votre conduite était sans reproche. Vous aurez soin, en venant chez moi, d'être muni de tous les papiers qui prouvent votre identité... DUMONT, notaire...» Eh bien, que dites-vous de cela? en voilà un...

Grenouillet ne laisse pas Adolphe achever sa phrase, il a déjà couru l'embrasser, il le presse dans ses bras, il l'étreint comme s'il voulait l'aplatir sur lui, tout en s'écriant :

— Il hérite!... tu hérites, cher ami!... Ah! que tu méritais bien cela!... toi, le modèle des amis... que je t'embrasse encore...

— Pas si fort ! tu m'étouffes...

— Ah! c'est que je suis si content de ce qui t'arrive... Tu vas avoir de l'argent... c'est comme si j'en avais, moi! Tu vas pouvoir t'acheter des paletots, des gilets, des pantalons... et tout cela en double, parce que, vois-tu, s'il arrive un accroc à l'un, on met tout de suite l'autre...

— Il est certain que si j'avais su être riche demain, je n'aurais pas donné à mademoiselle la peine de me raccommoder celui-ci...

— Oh! monsieur, la peine n'est pas grande, et si vous m'en croyez, parce que vous venez d'hériter de seize mille francs, ce n'est pas une raison pour jeter votre argent par la fenêtre. Car enfin, avec seize mille francs, il me semble que vous n'aurez pas douze mille livres de rentes?

— Vous avez raison, mademoiselle. Oh! dans les premiers moments, cet héritage m'avait étourdi...

mais en y réfléchissant, il est vrai que seize mille francs ce n'est pas une grande fortune. C'est égal, je suis bien content...

— Et tu as raison, et il faut te réjouir... Mademoiselle Joliette est trop raisonnable, elle te prêche l'économie!... mais à ton âge, c'est au plaisir qu'il faut d'abord songer. Pour commencer, tu vas nous payer du punch...

— Mais je n'ai pas le sou...

— Le limonadier te fera bien crédit ; tu lui montreras la lettre du notaire. Tu vas en faire venir deux bols ici... avec des macarons... des...

— Monsieur Grenouillet, je vous préviens que je ne veux pas que l'on fasse venir la moindre chose chez moi... que je ne boirai pas de punch, que je trouve que vous donnez à votre ami de très-mauvais conseils, et que si vous continuez ainsi, je ne causerai plus avec vous!

— Ah! jolie Joliette! vous êtes bien méchante avec moi.

— Mademoiselle a raison... tu me pousses toujours à la dépense...

— Quand donc t'y ai-je poussé, imbécile, puisque tu n'avais pas le sou?...

— Au reste, dès que j'aurai touché ma somme, je déménagerai... Je veux avoir une chambre pour moi seul.

— Qu'est-ce que j'entends!... est-ce bien possible! Est-ce Adolphe, mon Adolphe que j'ai formé, auquel j'ai appris les belles manières, qui veut se conduire ainsi... qui prétend quitter son ami, son frère, son *Pylade*, son *Castor !* parce qu'il vient d'hériter, parce qu'il a maintenant le moyen de dîner chez les meilleurs restaurateurs, où l'on ne dépense pas plus en dînant deux qu'en dînant tout seul, parce qu'on demande toujours pour un. Non, ce n'est pas possible... j'ai mal entendu... tant d'ingratitude n'entre pas dans l'âme d'un commis en nouveautés. Tu ne voudrais pas m'abandonner... me fuir, quand la fortune te sourit... Ce serait une vilenie... disons mieux : une lâcheté !... Adolphe... on ne trouve pas souvent des propriétaires comme madame Tournesol, qui vous donne des bals où l'on soupe, et ne vous demande pas votre terme... Ces propriétaires-là, on les porte dans son cœur !... on leur porte, rarement de l'argent, mais on les porte dans son cœur... Allons, dis que tu as voulu plaisanter... que tu ne déménageras jamais sans moi !

Adolphe hésite, il est ému, il ne sait que répondre; ce moment de silence permet d'entendre comme un gémissement et des sanglots qui partent de la chambre d'Emma. Aussitôt Joliette se lève, donne à Adolphe son pantalon, et pousse ses voisins dehors, en disant :

— Voilà votre pantalon fait... bonsoir, messieurs... allez-vous-en... allez-vous-en bien vite... Je crois qu'Emma est indisposée... il faut que j'aille y voir...

— Mais, belle voisine...

— Mademoiselle, je vous remercie mille fois..
— C'est bien... partez vite...

Et les deux jeunes gens l'ayant quittée, Joliette se hâte de pénétrer dans la chambre de son amie, qui avait laissé la clef sur sa porte.

XI

L'AMOUR SANS ESPOIR EST SOUVENT LE PLUS VRAI

Lorsque Joliette entre dans la chambre d'Emma, elle y trouve celle-ci assise sur le bord de son lit, versant d'abondantes larmes, et tellement absorbée dans sa douleur, qu'elle ne semble pas s'apercevoir que son amie est devant elle.

— Eh bien! qu'est-ce que tu as donc? qu'est-ce que cela signifie de pleurer comme ça! s'écrie Joliette, qui commence, pour consoler Emma, par l'embrasser de toutes ses forces. Et celle-ci se laisse embrasser sans rien dire, mais en continuant à pousser de gros soupirs.

— Voyons, que t'est-il arrivé ce soir, pour que tu

aies tant de chagrin?... Emma, je t'en prie, conte-moi ce qui te fait pleurer... Tu sais bien que je t'aime, et que je voudrais prendre la moitié de tes peines. Allons, parle... parle... je le veux...

— Tu vas encore me gronder et te moquer de moi !

— Non... je te promets que je ne me moquerai pas de toi... Quand je te vois pleurer, est-ce que j'ai envie de rire !...

— Eh bien... quand je suis rentrée... je me suis mise à la fenêtre...

— Naturellement, pour regarder chez M. Reginald... Enfin ! puisque cela te plaît !...

— Oh ! non... c'est fini, va... cela ne me plaira plus !...

— Bah ! est-ce qu'il t'a fait la grimace, ce soir ?...

— Oh ! d'abord il ne me voit pas ! il ne s'aperçoit pas que je le regarde. Mais moi, je vois si bien chez lui, qu'il m'est facile d'observer tout ce qui s'y passe... Ce soir ce monsieur attendait du monde... c'était bien facile à deviner... il allait et venait dans son salon... ensuite il se mettait à sa fenêtre pour regarder si on venait... Enfin on est venu... et c'était une dame.., très-élégante... et jeune...

— Et jolie...

— Oui... autant que j'ai pu le voir... Elle avait d'abord un chapeau qu'elle a ôté... puis un châle... des gants... Elle a tout ôté...

— Et après?

— Elle s'est assise sur le divan... il s'est placé devant elle, puis il lui a pris les mains... les a baisées...

— Et tu regardais toujours?

— Mon Dieu, oui... cela me faisait mal... mais je regardais toujours... Puis il avait l'air de lui parler avec feu... et ensuite il a voulu l'embrasser... Elle l'a repoussé d'abord... mais bientôt elle ne l'a plus repoussé...

— Et tu regardais toujours?

— Oh! non... alors j'ai caché ma tête dans mes mains...

— Pas longtemps, je gage...

— Mais quand j'ai voulu voir encore... ils avaient fermé la fenêtre... Ah! c'est affreux, n'est-ce pas!

— Affreux qu'ils aient fermé la fenêtre? mais je trouve au contraire qu'ils auraient dû la fermer plus tôt!...

— Ce que je trouve affreux, c'est qu'une dame aille ainsi chez un jeune homme pour s'y faire embrasser!...

— Mais en vérité, Emma, tu n'as pas le sens commun... cette dame est sans doute la maîtresse de M. Reginald... Tu trouves cela mauvais?... Mais parce que tu es amoureuse de ce jeune homme, qui ne s'en doute même pas, est-ce que tu te figures qu'il n'aura pas de maîtresse?... qu'il ne pensera à aucune femme?... qu'il n'aimera personne?... Mais tu es folle!... Les hommes... ce n'est pas comme nous, ils ont le droit de faire l'amour... de chercher à trouver des conquêtes... ils ne peuvent point se passer cela... d'une foule de choses qui ne nous sont pas permises à nous... et cela ne fait aucun tort à leur réputation... au contraire... Si M. Reginald avait cherché à se faire aimer de toi, s'il t'avait promis de n'en pas aimer d'autre, je comprendrais ton chagrin... Mais il te connaît à peine de vue, et tu te désoles, parce qu'il reçoit chez lui une dame qui... enfin qui fait fermer les fenêtres... Allons, ma bonne amie, si tu veux un peu raisonner, tu conviendras que tu n'as pas le sens commun!

— Oui, c'est vrai... je suis folle... mais c'est plus fort que moi... Parce que j'aime ce jeune homme, je m'étais figuré qu'il devait m'aimer aussi... C'est absurde, je le sens bien... mais je ne pouvais pas m'empêcher de pleurer... C'est fini, je ne penserai plus à lui... et je ne me mettrai plus à ma fenêtre; comme ça, il fera ce qu'il voudra chez lui... il y recevra autant de femmes qu'il voudra... ça me sera bien égal! Je te jure que je ne regarderai plus ce qui se fera chez lui...

— Ainsi soit-il!... et tu ne passeras plus ton temps à pleurer toute seule, dans ta chambre, pour quelqu'un qui ne se doute même pas que tu l'aimes... ce qui est par trop bête. Maintenant couche-toi bien vite et dors. Moi, je vais en faire autant, car il est bien tard, mais demain je te conterai ce qui m'a tenue éveillée jusqu'à présent.

Emma avait juré à son amie qu'elle ne regarderait plus chez le voisin d'en face... Pourquoi faut-il que les serments en amour soient comme les serments d'ivrogne! et une foule d'autres serments, dont je ne veux pas faire l'énumération, parce que cela me mènerait trop loin! Le lendemain s'était écoulé sans que la jeune fille eût mis le nez à sa fenêtre, mais le jour suivant elle ne peut s'empêcher d'y regarder; elle se trouve un prétexte pour regarder en dehors, elle veut examiner le ciel, il lui semble que le temps est lourd et qu'il va faire de l'orage; mais tout en voulant regarder les nuages, il se trouve qu'elle voit M. Reginald aller et venir dans son appartement; probablement elle louchait alors et pouvait voir deux choses à la fois. Son voisin lui semble très-gai, il fait des cabrioles et se dandine tout en touchant du piano, puis il va se regarder dans la glace, il donne beaucoup de soin à sa toilette; il a déjà essayé plusieurs cravates qu'il a rejetées, trouvant sans doute qu'elles ne lui allaient pas bien; il en a fait autant pour les gilets. Tout cela intrigue Emma, qui se dit :

— On ne fait pas tant de frais pour rien... Certainement il attend quelque femme... sans doute celle de l'autre soir... ou peut-être une autre... les hommes aiment tant à changer!... Oh! il faut absolument que je sache si c'est la même dame qu'il va recevoir!...

il me semble que j'aimerais mieux que ce ne fût pas la même.

Déjà plusieurs fois Joliette est venue crier à la porte d'Emma :

— Viens-tu ?... il est huit heures et demie passées, nous ne serons pas à neuf heures à l'atelier !...

Mais après avoir répondu plusieurs fois : « Tout à l'heure ! » Emma prend sa résolution et dit :

— J'ai mal à la tête... je ne suis pas du tout en train de travailler ce matin... je vais me faire du tilleul !... va-t'en sans moi.

— Bon ! je le connais, ton mal de tête !... murmure Joliette, il a les yeux bleus !... enfin ! comme tu voudras... tant pis ! si tu pleures encore, c'est que tu l'auras voulu.

Joliette est partie sans Emma ; celle-ci se dit :

— Après tout !... pour une fois !... quand je n'irais pas travailler !... je puis bien me reposer un peu. Je suis toujours certaine de ne pas manquer d'ouvrage... et comme je suis habile, je gagne en un seul jour souvent plus que les autres en trois... D'ailleurs je n'ai pas besoin de gagner tant d'argent !... qu'en ferais-je ?... Pourvu que j'aie de quoi m'acheter ce qu'il me faut... je ne suis pas ambitieuse... Cependant, si j'étais bien riche ! peut-être ferait-on plus attention à moi, peut-être celui auquel je voudrais plaire m'aimerait-il aussi... Mais non !... qu'est-ce que je dis donc ! ce n'est pas moi qu'on aimerait alors, ce serait mon argent?... il vaut bien mieux être pauvre et être aimée pour soi!... Ah! le voilà qui change encore de cravate... il est bien coquet, ce jeune homme-là!... sa maîtresse tient peut-être à ce qu'on soit très-élégant... Moi je le trouverais toujours bien!... mais moi, je ne suis qu'une modeste ouvrière, et sa maîtresse doit être une dame du grand monde... à en juger par sa toilette!

Une heure s'écoule. Emma, l'œil toujours braqué sur les fenêtres de son voisin, ne trouve pas le temps long; quand on est fortement préoccupé, on ne compte pas les minutes. Celui qu'elle observe avec tant d'attention, regarde souvent l'heure à sa pendule, il commence à s'impatienter, et il se met souvent à sa fenêtre. La jeune fille ne manque pas alors de se pencher en avant et de s'occuper de son pot de fleurs. Tout à coup un vif incarnat vient colorer ses joues habituellement si pâles, un éclair de joie, de bonheur, vient d'illuminer son visage... le voisin, en regardant par hasard en l'air, l'a aperçue et l'a saluée.

— Ah! que j'ai bien fait de rester! se dit Emma, il m'a saluée le premier... il m'a donc reconnue... je ne suis plus une inconnue pour lui!... Comme mon cœur bat! ah! il ne se doute pas du plaisir qu'il vient de me faire!...

Bientôt un garçon traiteur entre chez M. Reginald, il tient un panier qui semble contenir bien des choses; en effet, sur un signe du jeune homme, il dresse une petite table au milieu du salon, devant le divan, sur lequel il est probable que l'on s'assoira pour déjeuner;

puis il met le couvert, la table est surchargée de plats, de bouteilles; différentes choses, qui ne peuvent plus tenir dessus, sont placées sur un meuble à côté. Quand tout cela est fini, Reginald donne pour boire au garçon, et celui-ci s'en va.

— Il a mis deux couverts, se dit Emma, M. Reginald attend quelqu'un pour déjeuner... si ce pouvait être un de ses amis!... Oh! non, pour un ami, il n'aurait pas si souvent changé de cravate! c'est elle qu'il attend! Et quel déjeuner!... que de choses sur cette table!... cette dame est donc bien gourmande!... Et plusieurs bouteilles... il veut donc la griser?... Ah! il tire sa montre... il s'impatiente... Elle le fait bien attendre, cette dame... Bon, le voilà qui se remet à la fenêtre, mais il ne regarde plus en l'air!...

Enfin, comme dix heures et demie sonnent, cette dame tant désirée arrive; c'est bien celle qui est venue le soir, l'avant-veille, et maintenant Emma peut la voir, l'examiner tout à son aise, car le soleil éclaire parfaitement chez le jeune compositeur, et de plus cette dame se met un moment à la fenêtre, que son amant la prie de quitter en lui montrant le déjeuner qui attend depuis longtemps.

— Elle est jolie... très-jolie! se dit la jeune ouvrière en poussant un soupir. Mais c'est égal, je n'aime pas cette femme-là... et puis elle ne regarde pas son amant comme il me semble que l'on doit regarder quelqu'un qu'on aime... elle a l'air moqueur... elle rit toujours... Ah! elle consent à se mettre à table...

il s'assied tout près d'elle... Comme il est prévenant, aux petits soins!... il la sert, lui verse à boire... Comme les hommes sont aimables quand ils le veulent!... Ah! le voilà qui commence déjà à l'embrasser... C'est drôle... c'est toujours lui qui l'embrasse, et pas elle... Encore!... Ah! en voilà assez, je n'ai pas besoin de les regarder plus longtemps!... je vais aller travailler.

Et la jeune fille quitte sa croisée. Mais au lieu de sortir, elle s'assoit au fond de sa chambre, prend un livre et tâche de lire. Cependant sa lecture ne paraît pas l'occuper, car de temps à autre, elle fait un mouvement comme pour se lever, puis elle se remet de nouveau sur sa chaise, en murmurant :

— Non, je ne regarderai plus... quelle nécessité de les voir déjeuner!... Encore s'ils déjeunaient comme tout le monde!... mais s'embrasser en mangeant!... C'est lui qui l'embrasse... elle reçoit cela comme si elle lui faisait une grâce... Ah! je parierais bien qu'elle ne l'aime pas autant qu'il l'aime, lui!

Au bout d'un moment, Emma n'y tient plus, et quittant sa chaise, elle court vers la croisée, en s'écriant :

— Il faut pourtant que je voie si on déjeune toujours.

Mais il n'y avait plus moyen de voir ce que l'on faisait chez Reginald... sa fenêtre était fermée. Emma repousse alors tristement la sienne, et se décide à se rendre à son atelier, tout en se disant :

— Joliette a raison... je suis bien sotte, bien stupide!... Comment donc faire pour me guérir de ce ridicule amour!

XII

SOUVENT FEMME VARIE!...

Plusieurs semaines se sont écoulées; Adolphe a touché son héritage, Grenouillet ne le quitte pas plus que son ombre. Il lui a fait acheter en double paletots, pantalons, gilets, et jusqu'au chapeau; puis quand ces messieurs sortent le soir, et que le nouvel héritier a mis de ses vêtements neufs, Grenouillet lui persuade qu'il lui rend service en mettant les autres; il lui fait ce raisonnement :

— Tu es à peu près de ma taille, mais j'ai bien meilleure tournure que toi. En portant tes vêtements neufs, je leur donne une forme agréable, et alors, quand tu les mets, ils te vont bien mieux... C'est un service que je rends... comprends-tu ?

Adolphe ne semble pas très-bien comprendre et dit à Grenouillet :

— Mais, j'ai la tête bien plus petite que toi, et tu mets mon second chapeau... Naturellement tu l'élargis, et quand je voudrai le mettre il sera beaucoup trop grand pour moi.

— Tu n'y es pas du tout! répond Grenouillet. Quand tu voudras porter ce chapeau-là, je te le garnirai avec du coton que je placerai tout autour... Tu verras comme c'est agréable, moelleux, et comme ça tient chaud à la tête !... tu n'auras jamais été si bien coiffé... Comprends-tu ?

Ce qu'Adolphe ne comprend pas, c'est que l'on ait des dettes quand on a de quoi les payer ; aussi s'est-il empressé d'aller porter à madame Tournesol les quatre termes qu'il devait en commun avec Grenouillet ; mais celui-ci, qui trouve ridicule que l'on paye son propriétaire, lorsqu'on n'y est pas forcé, gronde son camarade de chambre en lui disant :

— Quelle diable d'idée t'est venue là! et qu'avais-tu besoin de porter de l'argent à notre propriétaire qui ne t'en demandait pas!... Tu vas habituer madame Tournesol à recevoir ses termes ; c'est un vilain tour que tu joues à ses locataires...

— Est-ce que tu te figures que ses autres locataires ne la payent jamais?

— Je n'en sais rien! En tous cas, c'était un chat

qu'il ne fallait pas réveiller. Elle a dû être bien surprise quand tu lui as porté quatre termes à la fois ?

— Elle m'a seulement dit : Mon cher ami, il ne fallait pas vous gêner.

— Vois-tu, elle t'aura trouvé ridicule !... Elle se sera dit : Ce jeune homme croit donc que j'ai besoin d'argent ?... Tu l'as offensée !... je suis sûr que tu as blessé son amour-propre ! Ah ! si tu m'avais consulté !... mais tu agis sans me consulter et tu fais des boulettes! Après cela, puisque ton père était pâtissier, cela se conçoit.

Grenouillet était bien forcé de quitter Adolphe, pendant que celui-ci était à son magasin de nouveautés, il avait conseillé au jeune commis d'abandonner sa place, en lui disant :

— Tu auras toujours bien le temps de la reprendre quand tu n'auras plus d'argent!

Mais si Adolphe n'avait pas d'esprit, il avait du moins assez de bon sens pour comprendre que son petit héritage serait bien vite dissipé, s'il écoutait les conseils de son Pylade ; il commençait à lui résister quand celui-ci voulait l'emmener dîner chez *Brébant* ou chez *Peters*; alors pour se consoler, Grenouillet tâchait de rencontrer Joliette, et continuait à lui faire la cour. Comme depuis quelque temps la gentille ouvrière rentrait ou sortait souvent seule, les ocasions de l'entretenir devenaient plus fréquentes.

Il est neuf heures du soir, et Joliette rentre encore

seule, lorsque sur le palier du quatrième, elle trouve Grenouillet qui faisait sentinelle :

— Bonsoir, voisin... vous êtes donc toujours sur votre carré ?

— Il le faut bien, voisine, pour vous guetter au passage. Voilà plus d'une heure que j'y fais sentinelle !

— Comment ! c'est pour moi que vous passez votre soirée dans cet escalier ?

— Et pour qui donc ?...

— Et vous n'êtes pas avec votre cher ami, ce jeune Adolphe, qui est si bon enfant !...

— Bon enfant ! pas tant que vous voulez bien le dire... J'avais idée d'aller aujourd'hui dîner chez *Brébant* ou aux *Frères provençaux*... histoire de manger de la cuisine provençale !.. eh bien, ce cuistro d'Adolphe s'est obstiné à aller à son restaurant à trente-deux sous !... Ah ! fi !... quand on a de l'or plein son secrétaire... l'avarice est un vilain défaut... les avares sont capables de tout !... excepté de bien dîner.

— Monsieur Grenouillet, je crois, entre nous, que vous donnez de très-mauvais conseils à votre jeune ami. La somme dont il a hérité est bien loin d'être une fortune, s'il vous écoutait elle serait vite dépensée...

— Vous me jugez mal, petite espiègle... Ah ! que j'aime votre nez en trompette !

— Ah ! j'ai le nez en trompette à présent ? Vous m'aviez dit l'autre soir qu'il était à la Roxelane.

— C'est la même chose...

— Et M. Adolphe veut-il toujours déménager!

— Par exemple !... je voudrais bien voir cela... Au contraire, nous pensons à embellir notre logement, à y faire mettre du papier frais... Et comme nous venons de payer notre propriétaire... quatre termes à la fois... c'est beau cela ! alors j'ai dit à Adolphe, qui voulait lui-même faire cette dépense d'autre papier : Tu es un imbécile ! quand on vient de payer tout son arriéré à sa propriétaire, on a bien le droit d'exiger qu'elle vous remette à neuf à ses frais. Je suis allé moi-même trouver madame Tournesol; elle m'a reçu comme un ambassadeur... Elle buvait de la camomille pour sa santé, elle m'en a offert une tasse que j'ai refusée... je n'aime pas cette infusion. Quant à ma demande, cela allait tout seul; elle viendra elle-même...

— Coller le papier ?

— Non, moqueuse, mais voir à peu près combien il m'en faut... Profitez de l'occasion, quand elle viendra, si vous voulez vous faire remettre à neuf...

— Non, c'est inutile, mon papier est encore fort propre.

— Et celui de votre amie ?

— Également, et je suis bien sûre que cela n'amuserait pas Emma d'avoir chez elle des ouvriers...

— A propos de cette chère Emma, il me semble que vous allez bien moins ensemble maintenant... vous sortez et rentrez seule assez souvent... Est-ce qu'il est survenu des aigreurs dans vos relations?...

— Oh! non, pas du tout... Mais il est trop vrai que mon amie ne travaille plus aussi assidûment... Heureusement elle est fort habile, elle nous rattrape toujours. Savez-vous qu'elle est capable de gagner quelquefois sept francs dans sa journée!

— Sept francs!... vous m'étonnez! et vous en gagnez autant?

— Oh! non! quand j'ai fait pour cinq francs dans ma journée, je suis bien contente!

— C'est encore très-gentil... une femme qui gagne cent sous par jour, je m'en contenterais...

— Et vous ne feriez rien, vous?

— Par exemple! je la couvrirais de caresses soir et matin!...

— Joli revenu!... c'est égal, cela me fait de la peine de voir Emma négliger ce qu'elle aimait tant autrefois, encore si c'était pour s'amuser qu'elle agît ainsi!...

— Ah! ce n'est pas pour s'amuser?

— Oh! non... c'est pour pleurer, pour se rendre malade... Ah! cela n'a pas le sens commun!...

— Comment! cette jeune Emma ne travaille pas pour pleurer à son aise... Ma jolie voisine, je devine le mot de la charade... il y a de l'amour là-dessous!

— Mon Dieu oui! nous autres femmes, c'est presque toujours l'amour qui nous cause du tourment... Mais celui d'Emma est si ridicule!... figurez-vous que la personne qu'elle aime ne s'en doute seulement pas !...

— En vérité ! est-ce qu'elle serait amoureuse de moi ?

— Ah ! ah ! que vous êtes fat !... Non, il n'y a pas de danger.

— Pas de danger... le mot est dur ! Est-ce mon intime Adolphe qui a fait sa conquête ?

— Oh ! il n'y a pas de danger non plus !

— Ici, je trouve votre mot mieux placé. C'est donc ce gros Anatole, dont le teint fleuri lui a plu ?

— Pas davantage... Celui pour qui elle soupire n'habite pas cette maison...

— Ah !... où donc perche-t-il ?

— Vous êtes trop curieux, monsieur Grenouillet, ceci est le secret de mon amie... je ne le trahirai pas.

— Je ne vous presse plus, superbe Joliette ! une femme qui sait garder un secret est une merveille trop rare pour que je ne la respecte pas !... Seulement je plains la trop sensible Emma !...

— Oh ! oui, plaignez-la ! Pauvre petite, elle est à plaindre de tous côtés !...

— Ah ! il y a un autre côté ?... Est-ce qu'elle perd ses cheveux ?

— Que vous êtes bête !...

— Vous me l'avez déjà dit, mais cela ne me fâche pas, car si vous le pensiez, vous ne me le diriez pas...

— C'est possible... pauvre Emma... avec un cœur si sensible, elle aurait besoin d'aimer quelqu'un.

— Elle devait alors adorer son père et sa mère.

— Hélas! elle ne les a jamais connus!

— Elle les a donc perdus lorsqu'elle était encore au biberon?...

— Bonsoir, monsieur Grenouillet, vous me faites toujours causer, et j'ai mille petites choses à finir chez moi...

— Laissez-moi vous y accompagner... vous ferez vos mille petites choses, et cela ne nous empêchera pas de causer.

— Non, monsieur, vous êtes seul, et je vous ai déjà dit que je ne recevais pas un homme seul... Bonsoir, voisin...

— Bonsoir, cœur de bronze... Ah! dites donc, voisine... et si j'avais un chien, je ne serais plus seul?... J'en ai un en vue...

Mais Joliette ne répond pas, car elle a déjà refermé sa porte. Grenouillet se décide alors à rentrer chez lui, en se disant :

— Elle ne veut pas encore me recevoir, mais maintenant elle cause volontiers avec moi... Je crois que l'affaire finira par s'arranger.

Depuis qu'elle avait un amour au cœur, Emma, en effet, négligeait beaucoup son ouvrage. Souvent, au moment de sortir, si elle apercevait Reginald à sa fenêtre, elle ne pouvait plus se décider à quitter la sienne, espérant être aperçue de son vis-à-vis, et recevoir un salut de lui. Mais son espoir était presque toujours trompé ; ce n'était pas du côté de sa mansarde que le jeune homme portait ses regards, surtout lorsqu'il attendait sa maîtresse. Cependant, Emma, qui remarquait tout, qui comptait les jours qui se passaient sans que la jolie dame vînt chez Reginald, avait remarqué que depuis quelque temps les visites devenaient moins fréquentes ; d'abord on se voyait tous les deux jours ; puis, on n'était plus venu que deux fois dans la semaine. Enfin, une semaine s'était écoulée, et l'on n'était venu qu'une fois.

Emma ne manquait pas de faire là dessus ses conjectures : cette dame aimait-elle moins le jeune artiste, ou des obstacles s'opposaient-ils à ce qu'elle vînt aussi souvent qu'autrefois ? Quant à Reginald, il paraissait être toujours aussi amoureux, cela se voyait à son air attristé quand la jolie femme ne venait pas, à l'impatience qu'il témoignait en revenant à chaque instant regarder à sa fenêtre, puis enfin à ses transports de joie quand sa maîtresse arrivait.

Le printemps était revenu. Dès que les ouvrières de l'atelier d'Emma avaient un moment de libre, elles en profitaient pour aller se promener ; Emma refusait presque toujours de les accompagner, et c'était pour rester dans sa chambre. Mais cette retraite continuelle nuisait à sa santé déjà délicate, elle dépérissait, et sa douce figure pâle était encore amaigrie. Joliette lui dit un matin :

— Si tu continues ainsi, tu tomberas malade... sais-

tu que cela ne t'embellit pas de soupirer sans cesse?...
si tu crois que c'est de cette façon que tu feras la conquête de M. Reginald, tu te trompes bien! Voyons, aujourd'hui le temps est magnifique, ma patronne m'a chargée d'une commission pour une dame qui fait des envois en gros ; cette dame demeure dans les Champs-Élysées, avenue Marigny, et on ne la trouve que sur les deux heures de l'après-midi. Veux-tu y venir avec moi? c'est une jolie promenade à faire, et cela te fera du bien. Si tu le veux, je viendrai te prendre ; à une heure et quart je serai ici, parce que nous irons sans nous presser... Tu viendras, n'est-ce pas? Cela me fera bien plaisir... car depuis que tu as ce maudit amour en tête, tu ne viens presque plus avec moi... Il paraît que chez toi l'amour fait grand tort à l'amitié...

Emma se jette au cou de son amie, en lui jurant qu'elle l'aime toujours autant, et elle accepte la proposition de Joliette, ce qui comble celle-ci de joie.

Emma a fait une toilette bien modeste, mais sous laquelle elle est cent fois plus gentille que ces demoiselles, à l'air évaporé, qui se retournent à chaque instant pour voir si on les suit, parce qu'elles se sont fait un chignon qui, par sa grosseur, doit nécessairement attirer les regards. A l'heure dite, Joliette arrive; elle entre une minute chez elle, pour mettre un petit chapeau qui n'a rien d'excentrique ; puis, les deux jeunes filles descendent vivement l'escalier. Mais au premier étage elles voient encore M. Dauberton, qui est planté devant sa porte, où il fait semblant de chercher des papiers dans son portefeuille.

— Ah çà! les locataires passent donc leur temps sur les carrés... Quelle drôle de maison, murmure Joliette en passant lestement devant le monsieur du premier. Mais cette fois le monsieur n'arrête pas les jeunes filles, il se contente de les saluer et de regarder Emma aussi longtemps qu'il lui est possible de l'apercevoir.

— Cette fois du moins, ce monsieur ne nous a pas offert d'entrer chez lui boire de la liqueur! dit Joliette.

— Non, mais il me regarde toujours avec une persistance... il me fait peur, ce monsieur-là!... Quand je l'aperçois, je deviens toute tremblante...

— C'est un enfantillage, car enfin ce monsieur ne nous a jamais rien dit d'inconvenant. Il te regarde, dame, c'est qu'il te trouve gentille apparemment!... Tu ne peux pas empêcher qu'on te trouve gentille! Hein, si c'était M. Reginald qui te regardât comme cela?...

— Tais-toi, Joliette, tais-toi... Ce n'est pas généreux de me dire cela.

— Tu as raison, je parle quelquefois sans réfléchir... alors on dit des bêtises... Ah! le beau temps! le beau soleil... les Champs-Élysées doivent être admirables... Si tu veux, nous y boirons de la bière?

— Tout ce que tu voudras!

— Ah! décidément, tu es charmante aujourd'hui.

On se met en marche, on s'arrête pour regarder dans les boutiques, surtout dans celles où il y a des bonnets à l'étalage, car il y a en nous un sentiment qui se trahit toujours, et par lequel un observateur devinerait facilement notre profession ou notre vocation : l'homme de lettres s'arrête devant les libraires; le militaire devant les armuriers; l'acteur devant les affiches de spectacles; l'avare devant les changeurs; la lorette devant les bijoutiers; la grisette devant les modistes; le fat, devant les coiffeurs; le gourmand devant les magasins de comestibles, et l'ivrogne devant les cabarets.

Les deux amies sont arrivées dans les Champs-Élysées. Elles marchent plus doucement, afin de mieux goûter le plaisir qu'elles éprouvent dans cette charmante promenade. Elles approchent de l'avenue Marigny, quand tout à coup Emma s'arrête, et serre le bras de sa compagne, en s'écriant :

— Ah! mon Dieu! c'est elle!...

— Qui, elle? demande Joliette. Tu m'as fait peur... J'ai cru que tu avais marché sur une écrevisse!...

— Oh! oui... c'est bien elle... je ne peux pas m'y tromper... Je la connais si bien maintenant!... Et puis elle a la robe et le chapeau qu'elle portait la dernière fois qu'elle est venue chez lui...

— Mais enfin, qui est-ce?

— Tiens, Joliette, vois-tu cette dame qui vient de nous croiser... en robe gris clair... un chapeau de paille de riz... un voile dessus... mais relevé?...

— Oui, je la vois... Eh bien?
— C'est la maîtresse de M. Reginald... celle qui vient chez lui...
— Ah! vraiment!... Eh bien, qu'est-ce que cela nous fait! Cette femme a bien le droit de venir se promener dans les Champs-Élysées... Voyons, tu n'avances plus à présent?
— Oh! attends... attends... Elle s'est arrêtée là-bas... elle regarde autour d'elle... elle a l'air d'attendre quelqu'un...
— Quand cela serait!... que t'importe?... Il faut que je fasse ma commission, moi...
— O Joliette! quelques minutes, je t'en prie... Je voudrais bien voir quelle est la personne que cette dame attend...
— Ce n'est pas difficile à deviner : c'est M. Reginald... Ça te fera donc plaisir de voir cela?...
— Mais si ce n'était pas lui!... Joliette, va-t'en sans moi, si tu es pressée, mais je ne m'en irai pas sans avoir vu qui cette dame attend...
— Voyez-vous mademoiselle, avec son petit air doux, quelle tête cela vous a!... Je ne veux pas te quitter, moi.
— Alors viens... avançons tout doucement du côté de cette dame... Oh! elle ne nous remarquera pas... elle ne s'occupe point de nous...
Les deux jeunes filles rebroussent chemin. Elles se tiennent toujours à une assez grande distance de la jolie dame, qui marche pas à pas et s'arrête sou-

vent, en laissant échapper des signes d'impatience. Mais enfin un joli coupé vient du côté de l'obélisque, il s'arrête près du cirque. Un beau jeune homme, bien élégant, bien à la mode, en descend, et va rapidement rejoindre la dame qui attendait. Il l'aborde en riant, et n'a pas du tout l'air de s'excuser de s'être fait attendre; à coup sûr, ce n'est pas le premier rendez-vous qu'il a avec cette dame; il présente son bras, que l'on prend aussitôt; puis, tous deux vont vivement rejoindre le coupé, dans lequel ils montent, et fouette cocher!...

Emma a vu tout cela en respirant à peine; elle balbutie d'une voix tremblante :

— Ce n'est pas Reginald...

— Non, dit Joliette, mais c'est un fort joli garçon... un beau monsieur qui a l'air très-distingué... qui est très-élégant...

— Mais puisqu'elle va avec cet autre monsieur... elle n'aime donc plus Reginald?

— Ce qu'il y a de positif, c'est qu'elle le trompe!...

— Et pourquoi le trompe-t-elle?... Elle n'y est pas obligée... ce n'est pas son mari...

— Est-ce que tu as cru que l'on ne trompait que son mari, toi!...

— J'ai cru que l'on ne devait tromper personne... et ne pas feindre d'aimer quelqu'un lorsqu'on en aimait un autre.

— Ah! ma bonne amie, tu te fourres des chimères

dans la tête... Voyons, j'espère que nous allons faire ma commission maintenant?...

— Oui... allons...

— Bon, tu as l'air tout triste, à présent! Est-ce que tu es fâchée que cette belle dame fasse des infidélités à M. Reginald?

— Oui... cela me fait de la peine pour lui!

XIII

LE MONSIEUR DU PREMIER

La Bourse était calme, il n'y avait eu qu'un peu de hausse ; les agents de change commençaient à s'éloigner de la corbeille, car le coup de trois heures allait sonner. Quelques groupes de joueurs causaient dans les couloirs ; on entourait un vieux monsieur à figure israélite, et qui avait la réputation de savoir toujours les nouvelles les plus fraîches ; il connaissait les secrets de tous les cabinets de l'Europe, et n'était jamais à court de réponses quand on le questionnait sur les projets d'une puissance étrangère.

Les gens sensés souriaient et haussaient les épaules en passant près de cet homme si bien instruit ; mais les badauds, les niais, les jobards, et il y en a beaucoup à la Bourse, se pressaient autour de lui, et gobaient tout ce qu'il voulait bien leur conter.

Un grand monsieur, dont la figure était peu riante, se promenait d'un air assez indifférent au milieu de tout ce monde, lorsqu'il est abordé par un jeune homme élégant, qui tient encore à la main son carnet de négociations. Celui-ci est Arthur Delval, le gendre de madame Tournesol, qui s'est si bien moqué des trois jeunes locataires qu'elle avait invités à son bal. L'autre personnage est M. Dauberton, qui loge au premier, dans la même maison que les trois invités, et auquel on a fait la réputation d'un ours.

— Eh! bonjour, mon cher monsieur Dauberton, je suis enchanté de vous rencontrer, car il me faut vos ordres pour savoir ce que je dois faire maintenant... J'ai vendu vos italiens comme vous me l'avez dit; vous avez réalisé un fort beau bénéfice... J'ai remarqué que vous étiez très-heureux dans vos opérations de bourse... Depuis trois mois, voilà plus de cinquante mille francs que vous gagnez!...

— Oui, en effet.

— Eh bien, que dois-je faire de vos fonds? En ce moment, j'ai plus de cent mille francs à vous...

— Ma foi, faites-en ce que vous voudrez... Je m'en rapporte a vous...

— Oh! non pas... Je veux un ordre...

— Eh bien... je verrai... je vous écrirai...

— Est-ce que vous attendez quelqu'un ici?

— Non, personne.

— Eh bien, sortons et allons fumer un cigare en nous promenant... Cela vous va-t-il?

— Volontiers.

Ces messieurs quittent la Bourse. Arthur, qui a toujours des cigares de premier choix, en offre un à M. Dauberton, en lui disant :

— Savez-vous bien que vous êtes un homme singulier?... Vous êtes extrêmement heureux en affaires... Vous gagnez beaucoup d'argent, et cela ne semble pas vous causer le plus léger plaisir...

— Ah! c'est qu'il ne suffit pas d'être heureux en affaires! il faudrait l'être aussi dans ce qui touche notre cœur...

— Bah! laissez-moi donc tranquille! Est-ce qu'avec de l'argent on n'a pas tout ce qu'on veut?... Quelque beauté vous a probablement subjugué? Mais quelle est celle qui résiste à un homme qui l'accable de cadeaux?...

— Vous croyez?

— Oui, c'est mon opinion... Avec du temps et de l'argent, on vient à bout des plus cruelles... Il est vrai qu'avec les femmes j'ai une chance extraordinaire... je n'ai pas encore soupiré en vain... et je ne soupire pas longtemps!

— Vous êtes jeune et joli homme... c'est beaucoup!

— Oh! cela ne suffirait pas, allez. Tenez... Voyez là-bas... mon associé... il est laid comme le péché mortel. Eh bien, il a plus de maîtresses que de cheveux... il est chauve à la vérité. Moi, en ce moment, j'ai une petite femme ravissante... pas une biche, une femme mariée à un vieux général... à ce qu'elle dit, mais entre nous, je ne la crois pas mariée. En tous cas, elle trompe son pauvre général sans le moindre remords... Je l'ai rencontrée au spectacle... j'ai glissé un billet doux... Le lendemain on me répondait... Oh! cela a marché *train express!*... Je commence même à m'ennuyer de rencontrer tant de facilité... on n'a pas le temps de désirer... Je voudrais maintenant trouver une femme qui me résistât... quelque temps au moins! Ça me changerait... ça me piquerait au jeu!

— Mais n'êtes-vous pas marié?

— Oui, je suis marié... certainement! j'ai une petite femme fort jolie... que j'aime beaucoup, et à qui je ne refuse rien!...

— Vous aimez votre femme et vous avez des maîtresses?

— Eh! mon Dieu, mon cher, on n'est pas parfait... et pourvu que ma femme n'en sache rien!... Ensuite Mélina est d'une santé très-délicate... elle a besoin de ménagements... vous comprenez?...

— Je comprends que *la Fontaine* a toujours raison, et que son *pâté d'anguilles* est une éternelle vérité!...

— Ah çà! mon cher monsieur Dauberton, vous n'avez donc jamais été marié, vous qui vous montrez si sévère pour les maris?

— Pardonnez-moi... je l'ai même été deux fois... je suis veuf de ma seconde femme.

— Ah ! si vous avez été veuf très-vite, je comprends que vous ayez été un mari fidèle... et encore je n'en jurerais pas. Avez-vous des enfants ?

La figure de M. Dauberton s'assombrit, il est quelques instants sans répondre, et murmure enfin :

— Non... j'en ai eu de chacune de mes femmes... je les ai perdus tous...

— Eh bien, il faut recommencer... vous marier une troisième fois... *Tertia solvet !* vous serez sans doute plus heureux au nombre trois...

— Oh ! non... c'est fini ; je ne veux plus me marier...

— Au fait ! quand on l'a été deux fois !... je conçois encore cela... Vous voulez conserver votre liberté... et courir après les jolies baladines... les reines de Mabille et de la Closerie des lilas... car je sais de vos nouvelles, moi !... On vous fait la réputation d'un ours... d'un sauvage !... vous avez refusé à ma belle-mère de venir à son bal... et cependant vous allez très-souvent dans les endroits publics où les danseuses envoient le bout de leur pied dans le nez de leur danseur !... Ah ! ah ! mauvais sujet !... Ne cherchez pas à nier, je vous y ai vu !... Mais comme vous étiez en train de régaler de punch deux jeunes sauteuses, je me serais bien gardé de vous déranger.

— Je ne chercherai pas à le nier ; oui, en effet, je vais assez souvent dans ces bals publics fréquentés par des grisettes, par ces jeunes filles qui ne cherchent que le plaisir... Je leur parle, je cause avec elles, et comme elles sont en général très-friandes, elles acceptent volontiers, soit du punch, soit tout autre rafraîchissement... et ne demandent pas mieux alors que de répondre aux questions que je leur adresse; mais vous vous trompez bien si vous croyez que c'est pour leur conter fleurette... pour satisfaire un caprice, que je me conduis ainsi...

— Je ne présume pas cependant que vous suiviez, avec ces demoiselles, un cours de morale, et que vous leur fassiez boire du punch pour leur démontrer le danger qu'il y a de danser le cancan!...

— Monsieur Delval, les apparences sont souvent trompeuses, ceci est une maxime aussi ancienne que le monde!... Vous êtes loin de vous douter du motif qui me fait agir... du but que je poursuis... quand vous me voyez cherchant à faire connaissance avec ces jeunes filles qui viennent là rire et danser, mais qui n'ont pas toujours de quoi dîner le lendemain!... Je cherche parmi elles une personne... que je donnerais tout au monde pour retrouver... une personne qui est peut-être dans la misère... peut-être sans ouvrage... sans ressources...

— Et c'est parmi ces jeunes filles qui ne font que rire et danser, que vous cherchez votre personne si malheureuse?

— Pourquoi pas? la jeunesse est insouciante, et telle qui n'a mangé que du pain sec dans sa journée, ira le soir dans ces bals, dont l'entrée ne coûte rien, pour oublier ses ennuis et tâcher d'y faire une connaissance qui lui offre à souper. Ensuite, j'ignore si celle que je cherche est dans cette position... Il est possible que le sort lui ait été favorable... Ah! si du moins j'en avais la certitude !...

— Pardon, mon cher monsieur Dauberton, pardon! Je vois qu'il s'agit d'une chose sérieuse, et que je me suis complétement trompé dans mes conjectures... Mais, vous l'avez dit vous-même, les apparences trompent toujours!... on sait cela, et on s'y laisse prendre !

— Oui... il s'agit d'une chose bien sérieuse... d'une faute de ma jeunesse que je voudrais réparer...

— Une faute de jeunesse! Eh! qui diable n'en fait pas, ou n'en a pas fait !... Moi, si je comptais les miennes... mais ce serait trop long !...

— Il y en a que peut faire excuser la position dans laquelle on se trouvait lorsqu'on l'a commise... Mais il n'en est pas ainsi de la mienne... car j'étais déjà assez à mon aise lorsque je me conduisis comme un lâche !... comme un homme dénué de cœur !...

— Mon Dieu! vous vous traitez bien mal, monsieur Dauberton, je suis persuadé que vous exagérez les choses !

— Jugez-en vous-même : malgré votre légèreté en matière d'amour, je suis persuadé que vous ne m'absoudrez pas... J'avais votre âge à peu près... de vingt-huit à vingt-neuf ans, et, ainsi que vous, je ne cherchais que le plaisir... Je fis la connaissance d'une jeune fille fort jolie... qui me tint rigueur assez longtemps, mais cependant finit par se rendre, en me disant : « Si je devenais mère, jurez-moi que du moins vous prendriez soin de mon enfant ! » Je jurai tout ce qu'on voulut, et au bout de quelques mois, Lucia... c'était le nom de ma jolie fille, m'annonça qu'elle portait dans son sein un gage de mon amour. Je fis assez peu attention à cette déclaration. Mon caprice pour Lucia commençait déjà à s'attiédir. Bientôt il se dissipa tout à fait, et je cessai d'aller chez elle. Lucia avait une certaine fierté dans le caractère... elle ne mettait jamais en usage, ni les larmes, ni les prières! Elle ne chercha point à me revoir, je n'entendis plus parler d'elle, et je croyais que toutes relations entre nous étaient entièrement terminées ; lorsque six mois plus tard une vieille femme m'apporta chez moi un enfant qui venait de naître, avec une lettre de Lucia, contenant simplement ces mots : « Voilà votre enfant, votre fille, rappelez-vous votre promesse et prenez-en soin. »

J'étais alors tout préoccupé d'un mariage que j'étais sur le point de conclure... Fort mécontent du cadeau que l'on me faisait, dans ma mauvaise humeur je mis la vieille femme à la porte, avec l'enfant, en lui disant : « Reportez cela à sa mère, et dites-lui bien que je la prie de me laisser tranquille à l'avenir !... »

— Et vous ne donniez pas à cette femme une bourse,

contenant au moins assez d'argent pour payer pendant quelques années une nourrice à l'enfant ?

— Non... je ne donnai rien !...

— Ah ! en effet... c'était mal... c'était fort mal !...

— Oui, je le sentis après, et je m'étais même promis d'envoyer de l'argent à Lucia... Mais je me mariai alors, et dans ma nouvelle position, j'oubliai celle que j'avais rendue mère. Ce fut alors que je reçus de Lucia une seconde lettre où elle me disait :

« Vous êtes un misérable... vous avez repoussé votre enfant, et moi je n'ai pas voulu garder ce qui me venait de vous. Votre fille est aux Enfants trouvés. Si quelque jour il vous prend par hasard le désir de la connaître, vous le pourrez peut-être, grâce à la lettre L que je lui ai imprimée sur le bras gauche, un peu au-dessus de la saignée, et à un petit médaillon en verre que j'ai attaché à son col, avec un ruban noir. Dans le médaillon est un papier sur lequel j'ai écrit ces mots : « Ton père fut sans pitié, ne lui pardonne « jamais. »

— Diable ! murmure Arthur, votre Lucia avait un caractère fortement dessiné !... Eh bien ! que fîtes-vous alors ?

— Rien. Je crus que Lucia me mentait, et m'écrivait tout cela pour se venger. Puis ma femme me rendit père... et je vous avoue que je ne pensai plus à celle qui avait été ma maîtresse. Le temps s'écoula... Mais je perdis ma femme, et bientôt aussi le fils qu'elle m'avait donné. Alors je voulus un jour savoir ce qu'était devenue Lucia, et si, en effet, elle avait fait ce qu'elle m'avait écrit... Mais Lucia était morte, et ceux qui l'avaient connue ne se rappelaient point avoir jamais vu chez elle un enfant. Je tâchai d'oublier cette faute de ma jeunesse, et bientôt je contractai un second mariage.

Le ciel semblait d'abord me favoriser; ma fortune s'augmentait, et j'avais une épouse tendre, bonne, qui me donna un fils et une fille... Je me croyais à l'abri des coups du sort... Hélas!... que j'étais loin de prévoir tous les malheurs qui allaient fondre sur moi!... Je devins encore veuf... je perdis cette épouse que je chérissais... Puis ma fille... puis mon fils me furent enlevés aussi!... Oh! alors un sombre désespoir s'empara de mon âme!... Je me dis que tant de malheurs ne pouvaient être qu'une punition du ciel; je me rappelai ma conduite impitoyable avec Lucia, et je ne vis dans tout ce qui m'arrivait que le juste châtiment de cette faute de ma jeunesse; je n'eus plus qu'un désir, celui de la réparer. Mais il était bien tard!... quinze années s'étaient écoulées depuis... J'aurais donné toute ma fortune pour retrouver cette enfant que je repoussai jadis!... Mais comment la trouver?... Lucia était morte... je n'avais nulle notion sur l'époque... sur le jour, où l'enfant avait été déposé... Je demandai... je m'informai... mais on ne put rien m'apprendre, si ce n'est qu'arrivé à un âge adulte, ces enfants qui ont embrassé une profession sont mis en apprentissage chez des patrons, et ne tardent point à être en état de gagner leur vie.

Maintenant, mon cher monsieur Delval, comprenez-vous pourquoi, au lieu d'aller dans le monde, que ma position me permettrait de fréquenter, je vais dans ces endroits, rendez-vous habituels des ouvrières, des grisettes? Ce n'est pas dans vos salons dorés que je puis espérer trouver la pauvre fille élevée par la charité!... mais dans les bals publics, dans les promenades populaires, parmi les jeunes filles qui, sans souci du lendemain, dépensent aujourd'hui tout le fruit de leur travail; croyez-vous donc qu'il n'y en ait pas quelques-unes qui ne connaisent point leurs familles, et qui ont été recueillies... élevées... comme l'enfant de Lucia?... Eh bien, ce sont ces jeunes filles que je veux connaître, avec qui je cause... et, lorsque de l'une d'elles j'apprends qu'elle n'a jamais connu ni son père ni sa mère, alors je m'informe, je tâche d'obtenir d'autres renseignements... et je n'abandonne mes grisettes que lorsqu'il m'est démontré que mon espoir était mal fondé... Mais voilà quatre années d'écoulées depuis que je me livre à ces recherches... Car l'enfant de Lucia... car... ma fille, a maintenant dix-neuf ans accomplis, si toutefois elle existe encore... et rien ne m'as mis sur ses traces... Ah! je vois bien qu'il me faut renoncer à l'espoir de réparer ma faute!...

— Oui, en effet, après dix-neuf ans, il me paraît bien difficile que vous parveniez à retrouver cette jeune fille!... Pauvre monsieur Dauberton! et moi qui vous accusais de courir les fillettes dans le but de vous amuser!... Mais à votre place je prendrais mon parti... et je ne fuirais pas la société, qui peut vous procurer des distractions, pour poursuivre un fantôme que vous n'attraperez jamais...

— Et quelle distraction voulez-vous que j'aille chercher dans le monde, quand j'ai perdu tout ce qui charmait ma vie?... Un enfant seul pourrait me rendre un peu de ce bonheur qui m'a fui!... Et tenez... il y a quelques mois, lorsque je vins loger dans la maison de votre belle-mère, j'ai cru un moment avoir enfin trouvé celle que je cherche en vain depuis quatre ans.

— Ah! vraiment... et où donc cela?

— Avant de louer le logement du premier, je m'informai près du concierge des personnes qui habitaient la maison ; c'est assez l'usage. Le concierge m'apprit qu'il y avait au cinquième étage deux jeunes ouvrières fort gentilles, et dont on était très-satisfait, parce qu'elles menaient une conduite régulière et ne recevaient aucune visite. « Quoi! dis-je, leurs parents même ne viennent pas quelquefois les voir? — J'ignore si elles en ont encore, me dit le portier, mais ce dont je suis certain, c'est qu'elles ne reçoivent personne. » Je me hâtai de louer l'appartement, puis, une fois emménagé, il me fut facile de guetter au passage mes voisines du cinquième ; mais jugez de ma surprise, de la profonde émotion qui s'empara de moi? dans l'une de ces jeunes filles je vis le portrait fort ressemblant de Lucia. C'étaient les mêmes traits, les mêmes yeux!... seulement l'expression en était plus douce, plus modeste. Un fol espoir s'empara de mon cœur. Ce doit être l'enfant de Lucia, me dis-je; ce doit être ma fille que je viens enfin de retrouver. Je m'informai... j'appris que la personne dont la figure m'avait frappé se nommait Emma ; qu'elle était ouvrière en bonnets; j'essayai de lui parler, mais elle est fort sauvage et ne s'arrête jamais pour causer. Cependant je parvins à rencontrer sa compagne... Je sus de celle-ci que la jeune Emma était orpheline, mais que son père avait été menuisier ; alors s'évanouirent toutes mes espérances. Il y a quelque temps j'essayai encore de faire causer ces demoiselles, en leur offrant d'entrer un moment chez moi se reposer; elles me refusèrent en disant que leurs parents les attendaient !... Elles ont des parents; il me faut donc perdre tout espoir de ce côté, et malgré cela, je ne puis voir cette jeune Emma... je ne puis passer près d'elle sans éprouver une émotion tout à la fois triste et douce... Ah! c'est qu'elle me rappelle Lucia, c'est que je crois alors revoir cette femme avec qui je me suis si mal conduit !

— Est-ce qu'elle est jolie, cette petite Emma ?

— Jolie, oui ; ses traits ne sont peut-être pas remarquables, mais l'expression de son visage a du charme, son regard est d'une douceur extrême...

— Tiens, tiens ! il faudra que j'aille voir cela...

D'autant plus que ma très-honorée belle-mère veut toujours que j'aille m'informer si ses locataires n'ont pas besoin de réparations... J'irai savoir si mademoiselle Emma désire être réparée. Au revoir, monsieur Dauberton ! allons, croyez-moi, venez un peu dans le monde. De la philosophie !... il faut prendre les événements comme ils viennent !...

— Mon cher monsieur Delval, la philosophie est la chose du monde la plus facile... à conseiller.

XIV

UN HEUREUX HASARD

Depuis sa promenade aux Champs-Élysées, depuis qu'elle y a vu la maîtresse du jeune compositeur y rejoindre un bel élégant, avec lequel elle est montée en voiture, Emma s'occupe plus que jamais de Reginald ; elle voudrait savoir s'il connaît la trahison de cette femme dont il semblait si vivement épris, et pour tâcher de se renseigner, elle se met plus que jamais à sa croisée.

Elle voit son jeune voisin fort souvent à la sienne, regardant à chaque instant dans la rue, ou se promenant tristement dans son appartement, jetant fort souvent les yeux sur sa pendule, puis par moments se laissant tomber sur un siége, et y restant, les regards attachés vers la terre, laissant voir sur son visage le découragement et le chagrin.

Les jours s'écoulent, et la jolie femme ne vient plus chez Reginald, qui devient pâle, abattu, qui semble en proie à une profonde douleur. Une fois il porte son mouchoir sur ses yeux inondés de larmes, et Emma, qui voit cela de sa fenêtre, ne peut s'empêcher de murmurer :

— Monsieur ! monsieur ! ne pleurez pas ! elle reviendra ! il n'est pas possible qu'elle ne vous aime plus !...

Mais ces paroles se perdent dans l'air, et la jeune fille, qui donnerait tout au monde pour consoler le pauvre amoureux, se désole en se disant :

— Il tombera malade... Oh ! oui, je suis sûre qu'il tombera malade, il est déjà bien changé depuis huit jours... Ah ! si je pouvais trouver quelque moyen pour le rendre au bonheur !... Pauvre garçon !... malade par amour ! Qu'on dise encore que les hommes ne savent pas aimer !... Voilà bien la preuve du contraire... Et il faut que celui-là tombe justement sur une femme qui le trompe ! Elle ne vient plus ! elle ne vient plus du du tout !... elle veut donc le désespérer... elle veut donc qu'il meure pour elle !... Ah ! c'est affreux cela !... Et dire que moi, qui l'aime tant, je ne puis rien pour calmer son chagrin !

Le surlendemain, les prévisions d'Emma se réalisent : Reginald prenait le lit, qu'il ne quittait dans la journée que quelques heures pour s'asseoir sur une chaise longue qu'il plaçait tout contre sa fenêtre.

Emma, qui voit tout ce qui se fait chez Reginald, passe quelquefois des heures entières les yeux attachés sur le jeune malade. Mais celui-ci ne la voit pas ; il regarde dans la rue et y cherche en vain une femme qui ne l'aime plus, tandis qu'une autre, qui l'adore, passe son temps à le contempler !... il en est souvent ainsi dans la vie : nous cherchons le bonheur d'un côté, et nous lui tournons le dos.

Emma était toute livrée à cette contemplation, lorsqu'on frappe à sa porte ; elle fait un mouvement d'humeur, en disant :

— Mon Dieu ! qui donc peut venir me déranger?... il est midi... Joliette ne revient pas du magasin dans la journée... Ce sont peut-être des bonnets que l'on m'envoie à monter... depuis que je vais moins à l'atelier, on me donne de l'ouvrage à faire ici... Allons, on frappe encore... quel ennui !

Emma se décide pourtant à aller ouvrir, mais au lieu d'une ouvrière de son magasin, elle demeure toute saisie en voyant devant elle un jeune homme élégant et à l'air distingué, qui la salue fort poliment, en lui disant :

— Mille pardons de vous déranger, mademoiselle... Je prends peut-être mal mon temps pour me présenter chez vous, mais il faut m'excuser, car je ne suis pas toujours maître du mien.

— O monsieur... vous vous trompez sans doute,

répond la jeune ouvrière, il n'est pas possible que ce soit à moi que vous ayez affaire... Qui demandez-vous ?

— Mademoiselle Emma, ouvrière en bonnets. C'est bien vous, n'est-ce pas ?

Emma rougit et demeure toute saisie. Mais Arthur Delval, car c'est le gendre de madame Tournesol qui vient de se présenter chez la jeune fille, commence par pénétrer dans la chambrette et prend tout de suite une chaise en disant :

— Excusez-moi d'agir ainsi sans façon chez vous, mademoiselle, mais quand on vient de monter cinq étages, il doit être permis de se reposer un peu... Moi, je vous avouerai que je déteste monter, et je plains les personnes qui sont obligées de loger si haut.

Emma était restée debout, toute surprise des manières de ce monsieur, qui a l'air d'être aussi à son aise chez elle que s'il était chez lui. Arthur, qui s'aperçoit de l'étonnement d'Emma, se hâte d'ajouter :

— Pardon, mademoiselle, j'aurais dû commencer par vous instruire du motif de ma visite... Rassurez-vous, du reste, il n'a rien qui doive vous être désagréable !... Mais asseyez-vous donc... car si vous restez debout, vous me forcerez à me lever, et en vérité cela me coûtera.

Emma hésite un moment, puis enfin elle s'asseoit, mais à une grande distance du beau monsieur, que cela fait sourire, et qui reprend :

— Mademoiselle, je me nomme Arthur Delval, et

je suis le gendre de madame Tournesol, votre propriétaire; depuis longtemps ma respectable belle-mère me prie de faire une tournée chez ses locataires, afin de m'informer près d'eux s'ils n'ont pas besoin de quelque réparation dans leur logement... savoir si les cheminées ne fument pas, si les papiers sont encore convenables, si les portes et les croisées ferment bien... Oh! c'est que madame Tournesol regarde ses locataires comme ses enfants... elle veut qu'ils se trouvent bien chez elle! C'est une propriétaire modèle !... et certainement elle ferait elle-même sa tournée, si sa santé ne s'y opposait pas souvent; mais elle engraisse trop, ma chère belle-mère, et si cela continue elle finira par ne plus pouvoir bouger. Mademoiselle, vous voilà maintenant édifiée sur ma visite, sur mon individu; permettez-moi d'ajouter que je suis heureux d'avoir été chargé de cette mission, puisque cela m'a fourni l'occasion de connaître une personne aussi charmante.

Pendant que l'élégant Arthur parlait, Emma, revenue de son effroi, avait pu le regarder sans crainte, et chaque fois qu'elle levait les yeux sur lui, elle se disait :

— C'est singulier... où donc ai-je déjà rencontré ce monsieur-là?... certainement ce n'est pas la première fois que je le vois.

Arthur attendait une réponse, mais la jeune fille pensait à tout autre chose qu'à ce que ce monsieur venait de lui dire. Comme elle le regarde assez souvent à la dérobée, le beau lion ne doute pas que sa vue n'ait déjà fait impression sur le cœur de la gentille locataire ; il sourit de nouveau, et lui dit :

— Mademoiselle, voulez-vous bien me faire savoir si vous avez besoin de quelque chose dans votre modeste logement?... beaucoup trop modeste pour une personne, aussi jolie, et à qui l'on serait trop heureux d'en offrir un bien gentil, bien confortable... qui ne serait pas à un cinquième étage, et qui renfermerait tout ce que l'on peut réunir pour plaire à une jeune femme.

Arthur attend encore une réponse, mais Emma n'a pas entendu ou point fait attention à ce qu'il vient de lui dire, elle n'est occupée que de savoir où elle a déjà rencontré ce monsieur.

Le silence que l'on garde, après ce qu'il vient de dire, commence à paraître singulier au monsieur du grand monde ; il rapproche sa chaise de celle de la jeune fille, en reprenant :

— Vous ne me répondez pas, mademoiselle? j'espère cependant que mes paroles ne vous ont pas blessée?...

— Pardon, monsieur, mais je n'ai pas entendu ce que vous m'avez dit, répond Emma, avec un ton si naïf, si vrai, que cela démonte un peu le bel Arthur.

—Mademoiselle, je vous ai demandé d'abord si vous voulez que l'on mette du papier neuf dans cette chambre... mais ceci n'est que le prétexte de ma visite… J'avais entendu dire qu'ici, dans cette modeste mansarde, vivait une jeune fille charmante, remarquable par sa grâce, par l'expression angélique de ses traits… Ma foi, je ne cherchais qu'une occasion pour faire la connaissance de ce trésor enfoui sous les toits… Elle s'est présentée, je l'ai saisie et…

— Ah ! je me souviens… je me souviens maintenant ! s'écrie Emma. Oui… oui… c'est bien là que je vous ai vu, monsieur !… Je ne pouvais pas me le rappeler… mais à présent, j'en suis sûre…

— Vous m'aviez déjà vu quelque part, mademoiselle, et vous aviez gardé mon souvenir. En vérité, c'est trop flatteur pour moi, permettez que je vous en remercie…

— Oh ! il n'y a pas de quoi, monsieur !… c'est ux Champs-Élysées… il y a quinze jours aujourd'hui… C'était un jeudi, je me le rappelle bien… une dame vous attendait près de l'avenue Marigny… vous êtes arrivé en coupé, vous en êtes descendu et avez rejoint cette dame, avec qui vous êtes remonté en voiture…

— C'est vrai… c'est parfaitement vrai… Oh ! c'est singulier comme vous avez retenu toutes ces circonstances !… un mari jaloux n'aurait pas mieux fait…

— Oh ! monsieur, c'est que j'avais une forte raison pour remarquer cette dame qui vous attendait dans les Champs-Élysées… ce n'était pas la première fois que je la voyais, cette dame-là… je la connais…

— Bah! vous connaissez madame de Harloville?... par quel hasard?...

— Bon! je sais déjà son nom! se dit Emma qui reprend :

— Monsieur, quand je dis que je connais cette dame, je n'entends pas par là être de sa connaissance... Une belle dame comme cela ne devient pas l'amie d'une simple ouvrière... mais... voilà ce que c'est : Un jour, je portais des bonnets élégants dans un magasin où était cette madame de Harloville... c'est bien son nom, n'est-ce pas, monsieur?

— Oui, c'est bien son nom... et alors...

— Alors cette dame, qui vit mes bonnets, les trouva fort à son goût et me dit : « Je veux que vous m'en fassiez dans ce genre-là... Apportez-m'en chez moi plusieurs et je serai pour vous une bonne pratique. » Puis, cette dame me donna son adresse, en me recommandant de ne point manquer d'aller la voir. Mais je perdis cette adresse et cela me contrariait beaucoup! lorsque, aux Champs-Élysées, j'aperçus cette dame... oh! je la reconnus tout de suite. J'avais envie d'aller lui parler, mais j'hésitais... je craignais que cela lui déplût d'être vue dans une promenade, causant avec une petite ouvrière... mais je ne perdais pas cette dame des yeux. Je me doutais bien qu'elle attendait quelqu'un, c'est alors que vous êtes arrivé... vous descendiez de voiture... Vous avez rejoint cette dame, qui a pris sur-le-champ votre bras et est montée avec vous dans la voiture qui vous attendait... Voilà pourquoi je vous ai remarqué, monsieur, et c'est ce qui fait que je cherchais tout à l'heure où je vous avais déjà rencontré.

Arthur fait un peu la moue, parce qu'il voit que ce n'est pas positivement pour sa personne que cette jeune fille l'a remarqué. Cependant il va recommencer ses tentatives de séduction, mais Emma s'adresse de nouveau à lui.

— Ah ! monsieur, voulez-vous me faire un grand plaisir, me rendre un service qui vous coûtera peu ?

— Oh ! mais tout ce que vous voudrez, mademoiselle ! Je désire qu'il me coûte beaucoup, au contraire, car je tiens à vous prouver que je n'ai rien à vous refuser... Parlez, ordonnez !

— Monsieur, ce serait de me donner l'adresse de madame de Harloville...

— Comment ! ce n'est que cela ?... Madame de Harloville demeure rue d'Antin, au coin de la rue Joubert...

— Ah ! merci, monsieur, merci mille fois...

— Mais que diable voulez-vous faire de cette adresse ?

— C'est pour porter de mes bonnets à cette dame.

— Ah ! quelle idée ! y pensez-vous ?... Laissez donc là vos bonnets, avec lesquels vous végétez !... N'avez-vous pas entendu ce que je vous ai proposé tout à l'heure ? Vous êtes ravissante et nullement faite pour vivre dans une mansarde. Laissez-moi vous enlever d'ici. Demain je viendrai vous chercher pour vous conduire dans un joli petit séjour dont vous serez reine et ferez de moi votre esclave.

Cette fois, Emma a bien entendu, bien compris; une vive rougeur lui monte au visage, elle se lève et répond au beau monsieur, d'un ton poli mais sévère :

— Monsieur, vous me prenez pour ce que je ne suis pas... Si j'avais entendu plus tôt vos propositions, je vous aurais prié de ne point les renouveler... Je me trouve heureuse dans cette mansarde et ne désire pas la quitter. Veuillez remercier ma propriétaire et lui dire que je n'ai besoin de rien dans mon petit logement...

— Ma charmante Emma, vous êtes par trop sévère! dit Arthur en se levant à son tour. Mes propositions n'ont rien qui doive vous blesser... Encore une fois, les jeunes filles, gentilles comme vous, ne sont pas faites pour passer leur vie à travailler sous les toits... Et puis, enfin, il faut bien aimer quelqu'un, avoir une petite connaissance qui vous mène au spectacle, chez le traiteur et promener en voiture dans les environs de Paris... Eh bien, autant que ce soit moi qu'un autre... Ah! à moins que vous n'en ayez déjà un autre... mais on assure que vous êtes un modèle de sagesse... et c'est justement pour cela que je voulais faire votre conquête... Voyons, belle enfant, que diable, on ne peut pas être sage toute sa vie!...

En disant cela, Arthur se rapproche de la jeune fille et veut lui prendre la main, mais celle-ci lui échappe, et, courant vers la porte, elle l'ouvre, va sur le carré et, de là, dit au gendre de la propriétaire :

— Je ne puis vous écouter plus longtemps, monsieur, j'ai à travailler et je ne rentrerai chez moi que quand vous en serez sorti.

Arthur est piqué, mais il cache son désappointement sous un éclat de rire et sort de chez la petite ouvrière en lui disant :

— Oh! mademoiselle, puisqu'il en est ainsi, je pars, je vous laisse à vos intéressantes occupations!... Mais vous êtes très-drôle!... oh! parole d'honneur, vous êtes fort originale, et votre petit air méchant vous sied à ravir... Allons, ne vous fâchez pas... je m'en vais... mais je ne vous dis pas adieu... je vous reverrai...

— J'espère que non, monsieur!...

— Ah! ah! elle est ravissante.

Arthur est parti en riant. Emma rentre alors chez elle, puis, son premier soin est de courir à sa fenêtre. Elle aperçoit Reginald, couché dans son grand fauteuil, pâle, l'air morne et la tête penchée sur sa poitrine.

— Pauvre garçon!... comme il a l'air de souffrir!... Oh! mais je vais lui rendre la santé, moi... Cette belle dame ignore sans doute qu'il est malade, sans quoi elle ne serait pas assez cruelle pour l'abandonner ainsi... Je sais son nom... son adresse... Je vais aller la trouver... Je lui dirai que ce jeune homme est bien malade depuis qu'elle ne vient plus le voir... et certainement cela l'attendrira... Mon Dieu... c'est peut-être bien hardi ce que je vais faire là... Si cette dame allait se fâcher !... me chasser... Oh! tant pis... c'est pour qu'il ne pleure plus, lui... je ne dois pas songer à moi.

Mettant à la hâte une basquine et un petit chapeau, Emma sort pour se rendre à l'adresse qu'elle a su se faire donner. Dans l'escalier elle rencontre Joliette qui lui dit :

— Où cours-tu ainsi?

— Chez la bonne amie de M. Reginald, dont j'ai su me faire donner le nom et l'adresse.

— Et que vas-tu faire là?

— Supplier cette dame de retourner chez ce jeune homme, qui est malade de chagrin de ne plus la voir...

— Ah! par exemple, c'est trop fort! Tu es éprise de ce monsieur et tu veux lui envoyer sa maîtresse!...

— Eh bien?...

— Eh bien,... il faut te faire mettre sous verre! ma chère amie.

XV

UNE VISITE SINGULIÈRE

Madame de Harloville occupait un fort beau logement, dans la chaussée d'Antin ; elle se disait mariée à un vieux général, mais on n'apercevait jamais ce prétendu mari, il était toujours aux eaux, ou à la chasse, ou dans le château d'un ami. C'était en tous cas un époux fort commode ; cependant, madame de Harloville, qui voulait quelquefois faire croire à un amant qu'elle s'exposait beaucoup en se donnant à lui, ne manquait pas de dire :

— Ah! si mon mari savait que je le trompe, je serais perdue! il me tuerait! Oh! il me tuerait sans hésiter.

Mais probablement le général ne savait jamais rien, bien que la conduite de cette dame pût donner souvent matière à la médisance.

Madame de Harloville n'était pas ce qu'on appelle une femme entretenue ; elle avait par elle-même assez de fortune pour satisfaire ses caprices, et elle en avait beaucoup, en amour comme en toilette. Elle devenait folle d'une coiffure nouvelle, il la lui fallait sur-le-champ. Mais, après l'avoir portée deux ou trois fois, il lui arrivait souvent de ne plus pouvoir la souffrir. Nous ne prétendons pas dire qu'elle en agît de même avec un homme qui lui avait plu ; mais, ce qui était certain, c'est que la constance n'était pas sa vertu favorite. Cette dame aimait avant tout le plaisir ; elle avait plus de sens que de cœur, plus de tempérament que de sensibilité, et plus de coquetterie que d'esprit. Elle avait, pendant quelques semaines, adoré Reginald, d'abord parce qu'il était beau garçon, ensuite parce qu'il avait un grand talent comme pianiste et déjà une certaine réputation comme compositeur ; ces dames-là veulent compter les hommes à réputation au nombre de leurs esclaves, elles mettent de l'orgueil à les subjuguer, mais ne les aiment pas plus longtemps pour cela.

Le jeune artiste, heureux d'être distingué par une dame élégante et belle, s'était vraiment cru aimé, et de son côté était devenu vivement épris de sa conquête. Puis il était arrivé ce qui arrive presque toujours avec ces dames si impressionnables ; du moment qu'elle avait vu que Reginald l'adorait, son caprice pour lui avait commencé à s'attiédir ; bientôt une nouvelle liaison était venue se jeter à la traverse de son intrigue avec le jeune compositeur ; et nous savons que le bel Arthur Delval était l'heureux mortel qui avait remplacé Reginald dans le cœur de cette dame qui aimait beaucoup le changement.

Voilà quelle est la personne chez qui se rend Emma. La jeune fille ne se doutait pas qu'il y avait une si énorme différence dans sa manière d'aimer et celle de madame de Harloville. Cependant, plus elle approche de la demeure qu'on lui a indiquée, et plus elle se sent trembler. Elle ne se dissimule pas que c'est bien hardi à elle d'aller dire à une dame qu'elle ne connaît pas : « Madame, je sais que vous avez pour amant M. Reginald... je vous ai vue plusieurs fois chez lui... et il paraissait bien heureux quand il vous y recevait... Mais, depuis quelque temps vous n'y allez plus, et M. Reginald est malade... je suis bien sûre que c'est du chagrin qu'il éprouve de ne plus vous voir... Ah! madame, je vous en prie, allez voir ce pauvre jeune homme, votre présence lui rendra la santé... et moi, je ne souffrirai plus en le voyant si malheureux! »

Tout cela était bien risqué! Cette belle dame pouvait trouver très-mauvais qu'une petite ouvrière vînt ainsi se mêler de ce qui ne la regardait pas... Quand elle se disait cela, Emma s'arrêtait et ne savait pas si elle devait aller plus avant ; mais bientôt elle pensait à Reginald, si pâle, étendu sur son fauteuil; alors le courage lui revenait, et elle marchait plus vite.

Enfin elle est arrivée à la demeure de madame de Harloville. Elle s'est informée au concierge, qui lui a dit de monter au second, que cette dame était chez elle. Il n'y a plus à reculer. Emma monte, sonne, demande madame de Harloville à une femme de chambre, qui la toise d'un air impertinent et lui dit :

— De quelle part venez-vous?

— Mais je viens... pour moi-même.

— Pour vous? et pour quoi faire?... que voulez-vous à madame?

— Je le lui dirai, mademoiselle, mais cela ne vous regarde pas.

Le ton ferme avec lequel Emma vient de lui répondre impose à la suivante, qui reprend d'un air plus poli :

— Mais enfin, qui annoncerai-je à madame?

— Une personne qui a quelque chose de fort intéressant à lui communiquer.

La femme de chambre s'éloigne, puis revient bientôt dire à Emma :

— Venez, mademoiselle, madame veut bien vous recevoir.

La jeune fille est introduite dans un délicieux petit boudoir où tout est réuni de ce qui peut séduire, plaire, charmer une femme. La pièce est capitonnée du haut en bas en satin orange, entremêlé de velours bleu... Des glaces placées de tous côtés réfléchissent dans tous les sens votre personne; des divans, des causeuses, des jardinières remplies de fleurs rares, ornent ce mystérieux réduit, dans lequel l'odorat est agréablement frappé par les parfums les plus doux, et où la lumière ne pénètre qu'à travers de triples rideaux.

— Attendez ici, madame va venir, a dit la suivante en se retirant.

Emma, qui n'avait jamais rien vu de comparable à ce ravissant boudoir, demeure un moment toute saisie; elle regarde autour d'elle, se sent honteuse de s'apercevoir dans toutes les glaces, examine ce plafond où les étoffes forment une étoile et ces fleurs qui parfument l'air.

Puis elle se dit :

— Quelle élégance !... Quelle différence de cette pièce avec ma petite chambrette!... Mais, c'est égal, je suis plus à mon aise dans ma chambre... je m'y trouve mieux qu'ici !...

Une porte, cachée dans les draperies, s'ouvre et madame de Harloville paraît dans un charmant négligé du matin.

— C'est vous qui désirez me parler, mademoiselle dit la belle dame en se jetant sur une causeuse et regardant la jeune fille avec curiosité.

— Oui, madame... c'est moi.

— Que me voulez-vous? Et, d'abord, qui êtes-vous? que faites-vous? comment savez-vous mon nom ?...

Emma, un peu intimidée par l'air assez peu agréable dont cette dame l'interroge, tâche de se remettre et répond à demi-voix :

— Madame, je suis ouvrière en bonnets... mon nom vous est parfaitement inconnu...

— Ah! vous faites des bonnets! que ne le disiez-vous donc tout de suite! Et vous venez m'en offrir?... J'en porte rarement; cependant si, par hasard, il y en avait un à mon goût... Voyons... où sont-ils vos bonnets?... je ne vous vois aucun carton...

— Madame, ce n'est pas pour vous offrir des bonnets que j'ai pris la liberté de me présenter chez vous...

— Alors, pourquoi est-ce donc? Voyons, mademoiselle, parlez, expliquez-vous... je n'ai pas le temps de vous écouter longtemps...

— Madame... je suis venue... mon Dieu... je crains de fâcher madame, et pourtant il me semble que ce n'est point mal agir que d'avoir pitié de quelqu'un qui souffre...

— Mon Dieu, mademoiselle, que vous m'impatientez avec vos phrases auxquelles je ne comprends rien!... Expliquez-vous mieux, ou je vous laisse...

— Eh bien, madame, je demeure rue Rambuteau et justement en face de la maison où loge M. Reginald... le pianiste....

Au nom de Reginald, la jolie dame a prêté plus d'attention; cependant elle affecte un air indifférent, en murmurant :

— Eh bien, mademoiselle, qu'est-ce que cela me fait, tout cela?...

— Madame... de ma fenêtre qui est au cinquième, je vois parfaitement chez M. Reginald, qui est au quatrième... et... comme je travaille assez souvent à ma fenêtre... j'ai eu... l'avantage d'apercevoir plusieurs fois madame chez M. Reginald...

Madame de Harloville se pince les lèvres en faisant un sourire ironique :

— Ah! vous vous amusez à regarder ce qui se passe chez vos voisins!... C'est fort bien, mademoiselle, c'est une occupation très-honorable... et qui doit vous procurer bien de l'agrément. Mais vous avez mal vu... je ne connais pas votre M. Reginald, et je ne suis jamais allée chez lui.

Emma est un moment atterrée par cette réponse; mais bientôt elle reprend d'une voix suppliante :

— Ah! madame, vous me jugez bien mal... ce n'est pas la curiosité... ce n'est pas pour vous offenser que je vous dis cela... mais ce pauvre jeune homme, qui avait l'air si heureux quand vous alliez chez lui... si vous saviez comme il est changé... malade... malheureux, depuis qu'il ne vous voit plus!... Ah! madame, je suis bien sûre que vous en auriez pitié!...

— Comment! vraiment, Reginald est malade? s'écrie madame de Harloville, qui est presque touchée par l'air désolé de la jeune ouvrière; pauvre garçon!... Ah! c'est à ce point-là!... et c'est lui qui vous a chargée de venir me dire tout cela?...

— Oh! non, madame, M. Reginald ne me connaît pas... il ne se doute pas que je fais cette démarche près de vous... J'ai agi... de moi-même... cela me faisait tant de peine de voir pleurer ce jeune homme...

— Comment! il pleure?... O l'imbécile! est-ce qu'un homme doit jamais pleurer?... Voyons, ma petite, avouez-moi que vous êtes amoureuse de votre voisin, et que c'est pour tâcher de vous faire aimer de lui que vous faites aujourd'hui cette démarche... Alors je vous comprendrai!

— Non, madame, non... je vous jure que je n'ai pas cette idée-là... et que je serais désolée que M. Reginald sût ce que je fais en ce moment... je vous supplie même de ne jamais le lui dire... Car vous irez le voir, n'est-ce pas, madame? vous voudrez bien le rendre à la santé?... vous aurez pitié de sa douleur?... Par grâce, madame, promettez-moi que vous irez le voir!...

Emma avait les mains jointes, elle allait se jeter aux genoux de la belle dame. Celle-ci l'arrête en lui disant :

— Allons, calmez-vous, petite... Mon Dieu, que vous êtes drôle!... se passionner ainsi pour quelqu'un qui ne vous connaît pas!... Que vous êtes jeune!... Ah! si vous connaissiez les hommes comme moi!...

— Madame, vous irez le voir, n'est-ce pas?

— Eh bien, oui... oui, j'irai...

— Vous me le promettez?

— Je vous le promets... j'irai demain.

— Et vous ne parlerez pas de moi ?

— Si je lui faisais connaître votre démarche, il ne me saurait plus gré d'aller le voir.

— Oh ! c'est juste... Adieu, madame... vous me pardonnez d'être venue, n'est-ce pas ?...

— Oui, je vous pardonne en faveur de l'originalité du fait, et j'aime tout ce qui est original. Adieu, petite... mais si vous vous intéressez ainsi à tous les amants malheureux, ah ! ma chère amie, vous aurez bien de l'occupation.

Emma est partie, bien heureuse de la promesse qu'on vient de lui faire, et madame de Harloville retourne à sa toilette en se disant :

— Comment ! Reginald est malade d'amour !... Est-il bête, ce garçon-là !... mais est-il bête !... Avec tout cela, j'ai oublié de demander à cette jeune fille comment elle avait su mon nom et mon adresse... car elle n'a pas pu deviner tout cela par sa fenêtre. Oh ! c'est Reginald qui le lui aura dit... elle n'a pas voulu en convenir, mais je suis persuadée que c'est lui qui me l'a envoyée.

Le lendemain, n'ayant rien à faire, n'espérant plus recevoir la visite d'Arthur Delval, madame de Harloville se décide à aller chez son ancien amant en se disant :

— Allons ! puisque je l'ai promis, allons rendre la vie à ce trop fidèle Reginald... Il n'est peut-être pas malade du tout... N'importe, je verrai bien tout de suite si la petite m'a dit vrai.

Mais en entrant chez Reginald, cette dame voit sur-le-champ qu'on ne lui a pas menti : le pauvre garçon est si pâle, si maigri, que c'est à peine s'il peut se soulever de son fauteuil en apercevant madame de Harloville. Il pousse un faible cri qui expire sur ses lèvres.

— Vous, Herminie !... c'est vous, enfin !... Ah! vous ne m'avez donc pas entièrement oublié !...

— Bonjour, Reginald, vous avez donc été malade, cher ami ?

— Oui... est-ce que vous ne le saviez pas ?... je vous l'ai écrit cependant...

— Ah ! mon petit, vous avez eu tort !... vous savez que je vous avais défendu de m'écrire ; les lettres, cela peut compromettre... mon mari pouvait intercepter la vôtre et alors j'étais une femme perdue !

— Votre mari ? vous m'avez dit qu'il était allé en Italie passer six mois...

— Sans doute, et c'est bien heureux.

— Alors vous avez reçu ma lettre !

— Je ne crois pas... elle aura été égarée... ma femme de chambre a si peu de soin...

— Enfin, vous voilà ! Être trois semaines sans venir !... savez-vous que c'est affreux, cela !...

— C'est que je n'ai pas eu le temps apparemment... je ne suis pas toujours libre...

— Puisque votre mari est en Italie...

— Éh bien!... et le monde qui a les yeux fixés sur moi... Mon Dieu ! que cela sent mauvais ici !...

— Vous trouvez... cependant il n'y a rien qui...

— Cela sent les drogues... Qu'est-ce qu'on vous fait prendre ?...

— Mais rien... je bois une infusion de tilleul, voilà tout.

— Il faut donner de l'air ici....

— Ma fenêtre est ouverte...

— Pas assez.

La belle Herminie va se placer à la fenêtre et son premier soin est de regarder aux mansardes en face; mais Emma, qui avait vu venir cette dame, a soin de se tenir de façon à ce qu'on ne puisse l'apercevoir.

— Reginald, avez-vous de jolies voisines en face de vous?

Le jeune homme relève la tête d'un air surpris, tout en répondant :

— Moi ?... ma foi, je l'ignore, je ne m'en suis jamais occupé. Mais venez donc vous asseoir près de moi, Herminie.

— Mon petit, j'ai besoin de prendre l'air... j'ai mal à la tête... J'ai idée, moi, que là, en face, au cinquième, loge une jolie petite ouvrière en bonnets. Vous ne l'avez jamais remarquée?

— Je n'ai remarqué personne. A propos de quoi me dites-vous cela?

— Mon Dieu, parce que les voisines ont assez l'habitude de regarder chez leurs voisins, et ceux-ci en font autant, cela n'a rien d'extraordinaire.

— De grâce, ne nous occupons pas des voisines... Venez donc vous asseoir à côté de moi, Herminie; depuis que vous êtes arrivée, je ne vous ai pas encore embrassée...

— Oh! mon cher ami, quand on est malade on n'embrasse pas... il faut être sage, entendez-vous... il faut vous rétablir... Vous êtes horriblement pâle! on croirait que vous avez fait une grande maladie!...

— Herminie! un baiser de vous me rendrait la santé... je vous en prie... un seul...

— Non, non. Oh! c'est trop dangereux ces choses-là... et votre santé m'est trop chère... Je vous le répète, il faut être raisonnable, vous soigner, ne pas sortir...

— Et vous viendrez me voir souvent?

— Je viendrai quand je le pourrai... il me vient tant de monde, tant de visites! Quelquefois, au moment où je voudrais sortir, j'en suis empêchée par l'arrivée d'une personne que je ne puis renvoyer....

— Cependant, autrefois vous veniez trois fois dans la semaine...

— C'est que apparemment il me venait moins de monde autrefois... Ah! mon Dieu! qu'est-ce que je vois à la pendule? bientôt deux heures!...

— Eh bien, qu'est-ce que cela vous fait?

— Comment! ce que cela me fait? et ma couturière

qui vient à deux heures m'essayer deux robes dont j'ai le plus pressant besoin !...

— Quoi ! vous songez déjà à me quitter ?... vous venez à peine d'arriver...

— Ah ! vous trouvez cela, mon petit ? Je songe à ma couturière, c'est une femme qui habille les dames les mieux mises de Paris, vous comprenez que je tiens à être habillée par elle ; on ne l'a pas comme on veut, elle habille la cour du Brésil ; si elle ne me trouvait pas, elle serait capable de ne plus revenir... Au revoir, Reginald...

— Me quitter si vite !... Herminie ! je crois que vous ne m'aimez plus !

— Ah ! mon cher ami, nous n'allons pas recommencer nos scènes de jalousie... vous savez que je ne les aime pas. D'ailleurs en ce moment je n'ai pas le temps d'écouter vos discours ; je vous répète que ma couturière m'attend et que je ne veux pas la manquer. C'est une artiste que cette couturière-là... Au revoir ! soignez-vous bien.

— Herminie ! quand reviendrez-vous au moins ?

— Vous le verrez bien !

La belle dame s'esquive vivement, et Reginald, qui avait fait un mouvement pour la suivre, retombe tristement sur son fauteuil en murmurant :

— Comme elle est pressée de partir !... Ah ! je vois bien que c'est fini... elle ne m'aime plus.

XVI

MADAME DE HARLOVILLE

Emma avait vu arriver madame de Harloville chez Reginald ; elle l'en avait vue également partir, et elle avait trouvé que cette dame était restée bien peu de temps chez celui qui était malade de chagrin de ne plus la voir. Mais enfin cette dame avait tenu sa promesse et la jeune fille se dit :

— J'ai fait tout ce que je pouvais pour que ce pauvre monsieur recouvre la santé... je ne puis rien de plus ; mais sa dame a vu combien il est changé et, sans doute, elle ne sera plus si longtemps sans revenir le voir.

Après avoir vu partir la belle Herminie, Emma était

descendue de son cinquième pour se rendre à son magasin. Au premier elle rencontre encore M. Dauberton, mais cette fois ce monsieur l'arrête :

— Pardon, mademoiselle... deux mots, s'il vous plaît... je ne vous retiendrai pas longtemps.

Emma demeure toute interdite ; la présence de M. Dauberton lui causait toujours une profonde émotion, dont elle-même ne se rendait pas compte. Elle s'arrête et attend.

— Mademoiselle, vous ressemblez tellement à une personne que j'ai beaucoup connue autrefois, que j'ai pensé qu'entre vous et cette personne il existait peut-être quelque lien de parenté... Avez-vous entendu parler d'une dame qui se nommait Lucia Gourdet?

— Non, monsieur, jamais.

— Et vos parents... votre mère... ce nom de Gourdet, vous ne le lui avez jamais entendu prononcer?...

Emma hésite un instant, le rouge lui monte au visage, enfin elle balbutie :

— Non, monsieur.

— C'est singulier... vous avez jusqu'à la voix de cette personne... que j'ai connue! Mademoiselle, serait-ce indiscret de vous demander votre nom de famille?...

Cette fois une profonde tristesse se peint sur les traits de la jeune fille. Mais bientôt, relevant la tête avec une sorte de dignité, elle répond d'un ton ferme :

— De quel droit, monsieur, me faites-vous toutes ces questions?

— Mon Dieu, mademoiselle, c'est l'intérêt que vous m'inspirez, je ne pensais pas que cela pût vous fâcher...

— Je n'ai pas besoin que l'on s'intéresse à moi, monsieur, je n'ai besoin de personne... je ne cherche personne... et je ne dois compte à personne de ce que je fais... de ce qui me regarde... Je vous salue.

Après avoir dit ces mots, Emma est partie si vite, que M. Dauberton n'a pas même eu le temps de la saluer. Mais il rentre chez lui tout pensif, car les réponses singulières de la jeune fille étaient plutôt capables de fortifier ses soupçons que de les dissiper.

Cependant Reginald se flattait que sa belle maîtresse, qui l'avait trouvé si changé, reviendrait bientôt pour avoir des nouvelles de sa santé; mais les jours s'écoulent, une semaine entière se passe et madame de Harloville n'a point reparu chez lui, elle n'a même pas daigné envoyer pour avoir de ses nouvelles. Cet abandon confirme ses soupçons, il ne doute plus de la trahison de cette dame et pourtant il voudrait en avoir la preuve. Il se dit encore :

— Puisqu'elle ne m'aime plus, pourquoi est-elle revenue me voir?... C'était donc un simple mouvement de pitié... Mais elle ignorait que j'étais malade... Si Herminie a cessé de m'aimer, pourquoi ne pas me le dire franchement?... pourquoi me tromper encore?... Je ne veux pas qu'elle se joue de moi ! je veux sortir de cette incertitude.

Avec le dépit, avec l'impatience, la santé était revenue ; car dans la colère même on puise du courage. Douze jours après la visite de sa maîtresse, Reginald, qui a recouvré ses forces, se décide à se rendre chez madame de Harloville. Celle-ci lui avait toujours défendu de venir la voir, sous prétexte que cela pourrait la compromettre ; mais cette fois Reginald brave la défense qu'on lui a faite. Il veut connaître son sort ; peut-être se flatte-t-il encore que sa vue ramènera à lui l'infidèle.

Après avoir fait une toilette irréprochable, Reginald monte dans une victoria et se fait conduire chez la belle Herminie. En entrant dans la maison il s'adresse au concierge. Il était deux heures de l'après-midi, à cette heure une jolie femme est visible. Après avoir su que cette dame était chez elle, le jeune homme croit devoir ajouter :

— Et son mari... le général de Harloville, est toujours en voyage ?

Le concierge fait un air très-étonné et répond :

— Son mari?... le général?... voilà la première fois que j'en entends parler !... Ah ! cette dame a un mari !... je ne m'en serais pas douté !

Reginald n'en demande pas davantage, il comprend qu'il a fait une bêtise. Il monte, sonne, et, quand la femme de chambre lui ouvre, pénètre tout de suite dans l'appartement, en disant :

— Madame de Harloville est chez elle, je le sais et je désire lui parler.

— Monsieur! monsieur! mais on n'entre pas ainsi chez madame! s'écrie la suivante en courant se mettre devant Reginald : il faut d'abord me dire votre nom... que je vous annonce... il faut savoir si madame veut vous recevoir...

— Mon Dieu! que de cérémonies!... Dites-lui que c'est M. Reginald... que je veux la voir... il le faut... je ne m'en irai pas sans l'avoir vue!... je ne pense pas d'ailleurs qu'elle veuille refuser de me recevoir!

La femme de chambre va faire sa commission près de madame, qui attendait bien quelqu'un, mais ce n'était pas Reginald. La belle Herminie, qui donnait tous ses soins à sa toilette, fronce le sourcil en entendant le nom de son visiteur. Elle frappe du pied avec impatience en s'écriant :

— Mais sotte que vous êtes! il fallait dire que je n'y étais pas!... vous n'avez pas la moindre idée...

— Mais, madame, cet imbécile de concierge avait dit que vous n'étiez pas sortie...

— Comment! ce petit Reginald se permet de venir chez moi... malgré ma défense!... Dites que je dors, que vous ne voulez pas me réveiller...

— Oh! madame, il a l'air très-déterminé, ce petit-là... il a dit qu'il ne s'en irait pas sans vous avoir vue... et je crois bien qu'il est capable de s'installer ici...

— Ah! mon Dieu!... eh bien, faites-le entrer dans

le salon... je vais tâcher de m'en débarrasser bien vite... je crois que c'est le plus sage...

— Oh oui ! madame, quand il vous aura vue, il faudra bien qu'il s'en aille.

— Ah ! Justine... si par hasard M. Arthur venait avant que celui-ci ne soit parti, faites-le m'attendre dans mon boudoir... par l'autre porte.

— Oui, madame, soyez tranquille... je comprends bien !...

Et la suivante va rejoindre Reginald, qui s'impatientait déjà. Elle le fait entrer dans le salon ; il y est à peine, que madame de Harloville y vient par un autre côté.

Reginald s'avance pour prendre la main à celle qui fut sa maîtresse, mais celle-ci retire la sienne et accueille le jeune homme avec un sourire qui pourrait passer pour une grimace.

— Comment ! monsieur, vous ici... chez moi... malgré ma défense?... C'est donc ainsi que vous vous conformez à mes désirs?...

— Herminie, vous m'aviez promis de revenir me voir... vous n'êtes pas revenue depuis douze jours... car je compte les jours, moi !... Je ne pouvais plus y tenir... j'étais trop malheureux !...

— Eh ! mon Dieu ! monsieur, allez-vous recommencer vos jérémiades?... Qu'est-ce que cela me fait que vous comptiez les jours?... vous avez bien peu de choses à faire apparemment... S'il vous plaît d'être malheureux, que voulez-vous que j'y fasse?...

— Quoi !... Herminie, c'est ainsi que vous me recevez ?... Si j'ai été malade... si je souffre... ne savez-vous pas que c'est d'ennui de ne plus vous voir ?... Si je vous aimais moins, je n'aurais pas tant de chagrin !

— Mon cher ami, je vous avouerai que vous êtes mortellement assommant avec vos doléances !... Mais il ne s'agit pas de tout cela, vous êtes venu chez moi malgré ma défense, vous allez vous en aller bien vite, car vous me compromettez horriblement... Si mon mari le général vous trouvait ici... je serais perdue... Allons, mon petit, allez-vous-en bien vite !... j'irai vous voir quand j'aurai le temps... filez... filez...

Au lieu de s'en aller, comme cette dame l'en priait, Reginald se jette dans un fauteuil en lui disant, d'un ton tout autre cette fois :

— Non, madame, je ne m'en irai pas sans m'être expliqué tout à fait avec vous... Quant à votre général, ce soi-disant mari dont vous voulez me faire un épouvantail, votre concierge m'a ri au nez quand je lui en ai parlé... Ainsi, croyez-moi, il serait bon de renoncer à cette mauvaise plaisanterie !...

— Qu'est-ce à dire, monsieur, mon général, une plaisanterie !... Savez-vous bien que vous m'insultez, monsieur !...

— Ce que je sais, madame, c'est que vous voudriez me tromper encore et que je ne veux plus l'être...

— Nous nous expliquerons plus tard, mais allez-vous-en...

— Non, madame, pas avant que vous ne m'ayez dit franchement si vous ne m'aimez plus...
— Mais, mon petit, il faut que vous soyez aussi bête que vous l'êtes pour me demander cela... Comment! vous en êtes là!... vous ne voyez pas que depuis longtemps je vous porte sur mes épaules... que je veux cesser toute liaison avec vous... que votre présence m'est très-désagréable?... Ah! vous voulez qu'on vous dise tout cela! eh bien, vous le savez maintenant,.. êtes-vous satisfait?...
— Oui, madame, répond Reginald en se levant avec colère et marchant à grands pas dans le salon ; mais seulement je vous demanderai encore pourquoi... puisque je vous suis si insupportable, vous êtes venue me voir il y a douze jours, lorsque je commençais à penser que tout était fini entre nous.
— Pourquoi je suis encore allée vous voir?... Ah! elle est jolie, votre question ! Moi, je vous demanderai, monsieur, pourquoi vous contez notre liaison à votre petite voisine du cinquième en face, pourquoi vous m'envoyez cette jeune fille, qui est venue pleurer, gémir chez moi, en m'assurant que vous étiez très-malade et que vous alliez mourir si je n'allais pas vous voir.

Reginald s'arrête tout surpris.
— Moi, madame, je vous ai envoyé une de mes voisines pour vous prier de venir me voir?
— Oui, monsieur, oui, et je vous jure bien que sans cela vous ne m'auriez pas revue ; mais elle est

très-drôle, cette petite, elle jouait fort bien son rôle, elle semblait pleurer pour de bon... j'ai donné là-dedans, moi !

— Madame, je ne comprends rien à ce que vous me dites... je ne vous ai envoyé personne... je ne connais pas mes voisines.

— Vous ne connaissez pas une jolie petite fille, un peu pâlote... qui est monteuse de bonnets... et dont les fenêtres plongent chez vous?... Allons donc... ne niez donc pas ! car, après tout, vous ne valez pas mieux qu'un autre... monsieur l'amant soi-disant fidèle !... croyez-moi, allez retrouver votre grisette et laissez-moi tranquille... Adieu, monsieur...

— Pardon, madame, mais comme je n'ai envoyé aucune voisine chez vous, je veux une explication de tout ceci...

— Encore une explication !... ah ! c'est trop fort, monsieur, encore une fois je vous prie de vous retirer... j'attends du monde, et votre présence me gêne...

— Je m'en doute bien, madame, et c'est justement pour cela que je ne veux pas partir...

— Monsieur... prenez garde... ma patience se lasse... il va venir quelqu'un qui vous jettera par la fenêtre...

— Ah ! ah ! ah ! je voudrais voir cela.

En ce moment une porte du salon s'ouvre, et Arthur Delval paraît. La femme de chambre avait bien essayé de le faire rester dans le boudoir, mais ce monsieur avait trop l'habitude des rouerles de femmes pour ne point se douter qu'on voulait lui cacher une autre intrigue, et il s'était presque aussitôt rendu dans le salon.

Le nouvel arrivé reste un moment sur le seuil de la porte, puis il salue très-légèrement, en disant d'un ton moqueur :

— Ah! pardon... je vous dérange... mais franchement je l'ai fait exprès.

Reginald toise Arthur avec dépit, d'autant plus qu'il reconnaît que son rival est plus joli homme que lui, et il s'écrie :

— Est-ce monsieur qui doit me jeter par la fenêtre?...

— Vous jeter par la fenêtre !... répond Arthur en riant. Ah ! monsieur, je vous prie de croire que cela n'entre pas dans mes habitudes... Lorsque j'ai une altercation avec un homme d'honneur, je suis toujours prêt à me mettre à sa disposition... comme cela doit se passer entre gens de cœur... Mais jeter quelqu'un par la fenêtre... il faut laisser cette façon d'agir aux Auvergnats !...

Madame de Harloville, que la présence d'Arthur a d'abord un peu embarrassée, se décide à se jeter sur un divan, où elle se roule d'un air désespéré en s'écriant :

— Ah! suis-je assez malheureuse !... un homme que je connais à peine... que j'ai en horreur ! vient chez moi... se permet de m'injurier... de m'insulter... et quand je veux le mettre à la porte, il me brave, il refuse de partir... Mais qui donc me délivrera de sa présence?... Arthur, je vous en prie, ayez pitié de moi.

— Rassurez-vous, madame, dit le bel Arthur en s'inclinant. Si, en effet, monsieur vous a insultée, il vous fera des excuses... Dans le cas contraire, je me verrais forcé de l'y contraindre...

— Je n'ai point d'excuses à faire à madame ! s'écrie vivement Reginald, elle en a menti en disant que je l'avais insultée... c'est elle qui s'est conduite indignement avec moi !...

— Arthur ! vous l'entendez... cet homme ose me donner un démenti !... Polisson, va !...

— Monsieur, vous oubliez en effet que vous parlez à une dame et qu'elles ont toujours droit à nos égards...

— Oh ! pas celle-ci ! Au reste, monsieur, je n'ai pas besoin de vos leçons... je dis à madame ce qu'il me convient de lui dire et je vous prie de ne point vous mêler de tout ceci !

Arthur se mordille les lèvres en répondant :

— Monsieur, vous le prenez sur un ton bien haut.

— C'est celui qui me convient, et ce n'est pas vous qui m'en ferez changer.

— Peut-être, monsieur.

— Vous vous faites le champion de cette dame parce que maintenant vous êtes son amant ! mais moi aussi je l'ai été... et je vois qu'il n'y a pas de quoi se vanter...

— Ah ! ce n'est pas vrai !... Arthur ! ne le croyez pas... ce n'est pas vrai ! c'est parce que je n'ai jamais voulu de lui qu'il est si furieux maintenant... O Dieu ! si j'avais une épée !...

— Monsieur ! dit Arthur, que vous ayez été ou non l'amant de madame... il y a une chose qu'un galant homme ne doit jamais faire : c'est d'avouer ces choses-là...

— Je vous ai déjà prié de garder vos leçons pour vous, monsieur... Fichez-moi la paix ou sinon...

— Qu'est-ce à dire ! une menace ?...

— Arthur ! il a levé la main sur vous ! s'écrie Herminie ; et cela n'était pas vrai !

Mais Reginald est trop irrité pour démentir cette dame. Son rival lui prend le bras, qu'il serre fortement en lui disant :

— Monsieur ! il faut que nous nous battions !

— Je ne demande pas mieux... et j'allais vous le proposer... Demain, si vous voulez, de grand matin...

— Oh ! monsieur, je ne me lève pas de bonne heure, moi, et je n'aime pas changer mes habitudes... Votre adresse...

— La voilà.

— C'est bien ; demain, vers dix heures, mes témoins seront chez vous... ayez les vôtres et nous nous rencontrerons vers midi.

— Il suffit, monsieur.

Et Reginald, calmé par la perspective d'un duel, salue Arthur et s'éloigne sans avoir jeté un regard sur madame de Harloville.

Cette dame, qui est très-satisfaite de la manière dont les choses ont tourné, s'écrie dès que Reginald est parti :

— Ah! quel petit monstre!... mais vous le corrigerez, vous, mon chevalier, vous, mon bien-aimé! Oui, vous apprendrez à ce jeune drôle à respecter les femmes!...

En disant cela, la belle Herminie cherchait à enlacer Arthur dans ses bras, mais celui-ci repousse doucement cette dame en lui disant :

— Pardon... mais ne me retenez pas, il faut que j'aille m'occuper de me trouver deux témoins pour demain...

— Comment!... vous voulez me quitter déjà?... mais vous avez bien le temps... vous ne manquerez pas d'amis qui vous serviront de témoins...

— Oh! pardon... mais quelquefois on n'en trouve pas au moment où l'on en a besoin...

— Moi, qui comptais passer toute cette journée avec vous...

— Au revoir, belle dame...

— Ah! que cela me contrarie que vous partiez si vite!... mais vous reviendrez bientôt, n'est-ce pas?..

Arthur lui répond par les mêmes paroles qu'elle avait dites à Reginald :

— Vous le verrez bien!...

« Ah ! cette femme-là ne mérite pas que l'on verse une goutte de sang pour elle, se dit Delval en s'éloignant ; je me battrai parce que ce jeune homme m'a insulté, mais, je le répète, ce n'est pas pour la belle Herminie... elle n'a qu'à m'attendre maintenant !... »

XVII

UN ACCOUCHEMENT LABORIEUX

En montant un soir son escalier, sur lequel il avait en vain attendu sa voisine Joliette, Grenouillet s'était rencontré avec madame Pondérant, la sage-femme du troisième, et comme il ne s'était pas rangé assez vite pour laisser descendre cette dame, la crinoline que portait celle-ci s'était accrochée après la bottine mal boutonnée que portait celui-là, et l'une tirant toujours pour descendre tandis que l'autre tirait pour monter, les deux personnages s'adressaient des épithètes assez injurieuses.

— Monsieur! voulez-vous bien vous arrêter?... Est-ce que vous ne sentez pas que vous avez accroché ma jupe ? Malotru ! qui ne peut pas se ranger pour laisser passer une dame !...

— Qu'est-ce à dire, femme Pondérant ?... Je vous trouve encore plaisante de m'injurier quand c'est vous qui me blessez avec vos cerceaux de fer... qui me déboutonnez ma bottine... Fi ! à votre âge ! porter de ces choses-là !... c'est honteux ! vous devriez rougir... laissez donc cela aux poupées à ressorts du quartier Bréda !

— Mon âge !... voyez donc ce paltoquet qui me parle de mon âge !... d'ailleurs, si je suis plus vieille que vous, c'est une raison de plus pour me respecter !

— Je respecte les personnes qui sont respectables... Certainement, si vous étiez descendue en me disant d'un ton poli : « Monsieur, veuillez vous ranger, je suis pressée... je vais faire un enfant... » oh ! je vous aurais bien vite fait place en vous disant : « Madame, j'honore vos fonctions ! » Mais vous descendez comme la grêle... vous vous jetez sur moi, vous me bousculez, vous m'accrochez la jambe avec votre cylindre et vous me dites encore des injures ! c'est trop fort !

— Taisez-vous... vous êtes une racaille !... vous cherchez à débaucher les petites ouvrières du cinquième, mais j'avertirai leurs parents et je vous ferai donner une raclée.

Et madame Pondérant accompagne ces mots d'un mouvement si violent, qu'elle détache son cerceau et descend précipitamment l'escalier.

— Ah ! tu me feras donner une roulée, méchante

sorcière !... crie Grenouillet en se penchant vers la rampe. Prends garde, je t'apprendrai, moi, à qui tu as affaire... Elle m'a emporté un morceau de ma bottine, la vieille momie !... Il est vrai qu'elle était mûre, mais enfin je pouvais encore la porter... Heureusement, Adolphe vient de s'en faire faire des neuves... et elles m'iront... Ah ! je cherche à débaucher les petites ouvrières !... quelle méchanceté ! il y en a une à qui je ne parle jamais, et l'autre qui ne me reçoit que sur l'escalier... et d'ailleurs je n'ai que des vues honnêtes... mais c'est si vite fait de calomnier... O Pondérant ! vieux Basile femelle ! il faut que je me venge...

— A qui donc en avez-vous ? voisin ? dit Joliette, qui remontait son cinquième ; vous parlez tout haut, vous gesticulez ! je vous ai entendu du premier.

— A qui j'en ai, voisine ! ah ! si vous saviez ce que cette mauvaise sage-femme m'a dit... après avoir déchiré ma bottine avec son jupon en ferraille !...

— Je vous recoudrai cela...

— Merci, ça n'en vaut pas la peine... Cette infâme Pondérant prétend que je cherche à vous débaucher, vous et votre amie...

— Laissez-la dire... quand on se conduit bien, on brave la calomnie...

— On a tort, mademoiselle, car la calomnie la plus sotte, la plus ridicule, trouve toujours des gens qui la croient. Mais je me suis promis de me venger de cette sibylle, et vous m'y aiderez...

— Si c'est pour une plaisanterie à faire, je veux bien... mais pas pour autre chose.

— Soyez donc tranquille, vous savez bien que les farces, c'est ma seule vengeance, à moi. Voulez-vous me prêter une vieille robe et un vieux châle... pas mal grand? c'est pour un jour seulement.

— Oui, j'ai la robe... ah! j'ai aussi un vieux tartan dont je voulais faire des doublures.

— Le tartan sera délicieux. Il me faudrait encore un bonnet... un grand bonnet à barbe comme les dames de la halle...

— Je vous en bâtirai un avec les premières étoffes venues... ce sera bientôt fait. Quand voulez-vous cela?...

— Demain matin, si c'est possible.

— Ce sera tout prêt.

— Vous êtes charmante... Demain nous rirons... Au revoir, voisine.

— Vous sortez... où allez-vous donc?

— Acheter le poupon dont je prétends accoucher demain par les soins de madame Pondérant...

— Ah! la bonne folie!...

— A demain matin!

Le lendemain, à neuf heures du matin, Grenouillet avait terminé sa toilette de femme : il avait une robe, un grand tartan, dans lequel il pouvait s'envelopper, et un immense bonnet dont la garniture lui tombait sur les yeux et lui cachait les joues; il s'était mis un tour blond, avec de longs tire-bouchons qui lui flottaient sur le col. De plus, il s'était enduit tout le visage avec une pommade jaune qui lui donnait un teint de mulâtre et collé deux petites verrues sur le nez. Ainsi déguisé, il était impossible de le reconnaître. Il s'était fait en plus un ventre tellement proéminent, qu'on devait le croire sur le point d'accoucher.

Il se dispose à aller sonner chez la sage-femme; mais il apprend, par le concierge, que madame Pondérant est sortie et ne pense revenir que vers les midi. Il faut donc attendre son retour. Joliette, qui sait ce qui doit se passer, se promet de revenir à cette heure-là. De leur côté, les deux amis de Grenouillet, qui l'ont vu dans son costume de femme mauresque, veulent aussi se trouver là pour jouir de la comédie qui va se jouer dans la maison.

A midi et demie, la sage-femme est revenue chez elle. Cinq minutes après, Grenouillet va sonner chez madame Pondérant. La domestique s'empresse de le faire entrer. Il se jette sur un fauteuil en disant :

— Ah! vite! vite, mademoiselle, préparez-moi une couchette... Appelez votre maîtresse; il n'est que temps!...

— Oui, madame; mais si vous pouviez attendre un peu... ma maîtresse a passé toute la nuit; elle est bien fatiguée et vient de se jeter sur son lit... elle dort...

— Attendre! attendre!... y pensez-vous!... quand mon fruit est à l'embouchure et ne demande qu'à voir le soleil et la lune! Allez réveiller votre maîtresse;

12

qu'elle vienne sur-le-champ ; dans sa profession on ne doit jamais dormir.

La domestique obéit. Pendant son absence, Grenouillet entre dans une chambre où il y a une couchette ; il s'étale dessus tout habillé. La sage-femme ne tarde pas à arriver en se frottant les yeux. Elle regarde la personne qui est sur le lit et murmure :

— Madame n'est pas de ce pays, à ce que je vois?

— Non, mondame... moi étais Algérienne... de Bougie.

— Et vous êtes sur le point d'accoucher?

— Oui, moi sens bien que ça va venir...

— Voyons un peu cela...

Et madame Pondérant s'approche du lit, se disposant à s'assurer de l'état de sa nouvelle cliente ; mais Grenouillet lui lance un grand coup de pied qui la fait rouler à dix pas.

— Eh bien, madame! s'écrie la sage-femme, qu'est-ce que cela signifie?...Vous me donnez un coup de pied... auriez-vous des attaques de nerfs?...

— Non, mondame; mais il m'a semblé que vous vouliez porter vos mains quelque part?

— Il le faut bien, pour que je sache où vous en êtes...

— Me toucher!... ah! quelle horreur!... Apprenez, que dans pays à moi... jamais on ne touche là... jamais! Alli! Allah!...

— Mais alors, madame, à quoi vous sert une sage-femme, et pourquoi êtes-vous venue me réveiller?...

— Pour que vous receviez petit moutard... pour que vous le mettiez au sein tout de suite.

— A quel sein?

— Celui que vous voudrez... vous trouverez bonne nourrice... Aïe!... aïe!... le voilà qui vient, mondame...

Et Grenouillet, après avoir poussé des cris et fait une foule de contorsions, passe une main sous sa robe et en tire un petit poupard noir, en cire, qu'il donne à madame Pondérant, en lui disant :

— Le voilà... enveloppez-le bien... Ah! qu'il doit être joli!...

— Mon Dieu! madame!... mais c'est un nègre que vous avez fait!...

— Un nègre!... ah! je n'en veux pas... je n'en veux pas!... remettez-le, mondame, remettez-le bien vite... Mon doux maître, qui était déjà jaloux du charbonnier, dira que cet enfant sent le charbon... Allh! Allah!...

Cependant en considérant de plus près le poupon, madame Pondérant ne tarde pas à s'apercevoir qu'il est en cire; elle le jette alors au nez de la soi-disant Algérienne, en s'écriant :

— Qu'est-ce que c'est que cela?... c'est un enfant de cire que vous me donnez là, madame!...

— Eh bien, mondame, je vous ai dit que j'étais de Bougie... et, à Bougie, nous faisons des enfants en cire...

Mais la sage-femme a deviné qu'on se moquait d'elle; elle dévisage Grenouillet de très-près, et s'écrie :

— C'est lui! c'est encore mon sacripant!...

Alors Grenouillet, jetant de côté son bonnet, son tour, son châle et tout ce qui le déguisait, se met à danser dans la chambre et force madame Pondérant à tourner avec lui. Puis, ramassant tous ses effets, il se sauve en lui disant :

— Je vous laisse mon rejeton ; adoptez-le en mémoire de moi !

Madame Pondérant, étourdie par la valse forcée qu'on vient de lui faire exécuter, est tombée sur une chaise en balbutiant :

— Au secours! à l'assassin !... arrêtez-le !,..

Mais Grenouillet est déjà dans l'escalier qu'il descend en riant comme un fou ; et, à l'étage au-dessous, il trouve Joliette et Emma avec le gros Anatole, qui avaient entendu une partie de la scène et voulaient en connaître le dénoûment.

— La farce est jouée! dit Grenouillet ; la Pondérant a donné dedans en plein. Maintenant elle est furieuse et me traite d'assassin ; je lui ai pourtant laissé mon enfant...

— Ah! mon ami, comme tu t'es jauni et que tu es vilain ainsi! dit Anatole en faisant de l'œil aux deux jeunes filles, qui n'y font pas attention.

— Mon cher, il fallait bien que je me fisse vilain pour n'être pas reconnu... Mais où donc est Adolphe?

il voulait aussi être témoin de la comédie... il arrivera trop tard, selon son habitude.

— Mon Dieu ! dit Joliette, j'entends la sage-femme qui sort de chez elle...

— Tant mieux ! nous allons avoir du nouveau...

Madame Pondérant descend, en l'effet, l'escalier, furieuse, haletante ; elle tient dans ses bras le poupon en cire, et s'écrie, en passant devant les personnes rassemblées sur l'escalier :

— Ah ! l'on me joue de ces tours-là, et l'on croit que cela se passera ainsi !... Mais je vais porter plainte... je vais chez le commissaire... je lui porte la preuve du délit... je la déposerai sur son bureau, et vous verrez si on a le droit de se moquer d'une fonctionnaire publique et de ses fonctions... Car je suis patentée, moi ! je suis presque membre de la Faculté... Ah ! monsieur la Grenouille, vous n'en serez pas quitte à bon marché ! je réclamerai vingt mille francs de dommages et intérêts !...

— Bah ! pendant que vous êtes en train, demandez-en cent mille, madame Pondérant ; il ne vous en coûtera pas plus, et il ne me sera pas plus difficile de payer cette somme que l'autre !

La sage-femme est partie. Tout le monde rit de la figure qu'elle faisait avec le poupon nègre dont elle menaçait Grenouillet. Emma, elle-même, n'a pu s'empêcher de partager l'hilarité générale, et l'on riait encore, lorsque le jeune Adolphe Durard monte l'escalier et arrive au milieu de la société.

— Ah! te voilà, flâneur! dit Grenouillet; il arrive quand tout est fini!... j'en étais sûr... Tu as manqué la sortie de madame Pondérant, qui a été superbe!... demande plutôt à ces demoiselles...

— Ce n'est pas ma faute; il y avait de l'ouvrage au magasin...

— Mais tu as une figure d'enterrement... que t'est-il donc arrivé? est-ce que tu apprends un rôle tragique?...

— En effet, monsieur, vous êtes bien pâle; seriez-vous indisposé?

— Non, mademoiselle... c'est seulement l'émotion... car, tandis que vous étiez à rire ici... moi, j'ai vu à quelques pas... rapporter un jeune homme... Ah! le pauvre jeune homme!... dans quel état!...

— Quelqu'un qu'on rapportait blessé?... Eh! mon Dieu! à Paris, cela est trop fréquent... Comment voulez-vous qu'il en soit autrement? il y a tant de voitures, d'omnibus, de charrettes... on n'a pas toujours le temps de se ranger...

— Non, ce n'était pas un accident de voiture : le jeune homme qu'on a rapporté chez lui dans un fiacre, venait, à ce qu'il paraît, de se battre en duel...

— En duel!... oh! c'est plus intéressant...

— Comment avez-vous su cela, monsieur Adolphe? demande Joliette.

— Mon Dieu! mademoiselle, par la concierge, que j'ai interrogée... car c'est ici en face qu'on rapportait la victime... Les deux témoins disaient : « Pauvre garçon!... sa blessure est, dit-on, mortelle... l'épée lui a traversé le corps... »

— En face, dites-vous, monsieur? murmure Emma avec effroi... Et ce jeune homme qu'on rapportait... savez-vous son nom... le connaissez-vous?...

— Beaucoup... de vue; il demeure en face de nous... Vous devez l'avoir aperçu aussi très-souvent, mademoiselle; c'est M. Reginald... un musicien...

— Lui!... c'est lui!...

Emma n'a pu prononcer que ces mots; elle tombe sans connaissance dans les bras de Grenouillet, qui heureusement se trouve là pour la recevoir.

— Mon Dieu! voilà ma pauvre Emma qui se trouve mal! s'écrie Joliette. Messieurs, je vous en prie, aidez-moi à la secourir!...

— Oui, mademoiselle... oui, certainement... C'est cet imbécile d'Adolphe avec son récit de blessé... Tu avais bien besoin de venir nous conter cela!

— Dame! moi, est-ce que je pouvais deviner?... qu'est-ce qu'il faut aller chercher... du vinaigre?

— Avez-vous un flacon, messieurs?

— Non... j'ai perdu le mien, dit Anatole.

— Moi, je n'en ai jamais eu, dit Grenouillet; mais si on frappait chez le dentiste...

— Non; chez le tailleur...

— Faut-il la monter chez elle?

En ce moment, le monsieur du premier, qui avait tout entendu, arrive au second étage, écarte tout le monde et enlève Emma dans ses bras, en disant:

— C'est chez moi qu'il faut la conduire... nous y trouverons tout ce qui est nécessaire pour la faire revenir.

Et M. Dauberton, emportant la jeune fille comme s'il portait une plume, descend vivement l'escalier, suivi de toute la compagnie, qui trouve que ce monsieur est arrivé fort à propos pour la tirer d'embarras, chacun parlant à la fois et ne sachant comment s'y prendre pour secourir Emma.

On pénètre dans le bel appartement du premier. M. Dauberton entre dans son salon, dépose son précieux fardeau sur une causeuse; puis, prenant un flacon de sels sur la cheminée, le fait respirer à la jeune fille, qui ne rouvre pas les yeux. Joliette, désolée, frappe dans les mains de son amie; mais M. Dauberton lui montre une porte, en lui disant :

— Vous trouverez là une carafe... de l'eau fraîche... un verre...

— Oui, de l'eau fraîche aux tempes, dit Grenouillet, voilà ce qu'il y a de meilleur... Je ne suis pas médecin, moi; mais cet évanouissement n'est nullement dangereux... c'est la suite de l'émotion que cette petite a ressentie au récit d'un duel... il faudra lui faire boire ensuite un cordial...

— Tenez, messieurs... veuillez regarder dans ce meuble... là-bas... il y a des liqueurs... vous choisirez ce qu'il faut...

Grenouillet court au meuble indiqué avec ses deux amis, qui veulent avoir l'air d'être bons à quelque chose; mais le but de M. Dauberton était d'éloigner un moment tout le monde d'Emma, et dès qu'il se trouve seul près de la jeune fille évanouie, il se hâte de relever la manche gauche de la basquine qu'elle porte. Ce vêtement était fort large; il lui est donc facile de découvrir le bras d'Emma jusque un peu au-dessus de la saignée, et à cette place il voit la lettre L qui est marquée sur le bras, et, quoique un peu effacée par le temps, est encore assez distincte. M. Dauberton devient aussi pâle que la jeune fille, sa bouche murmure seulement :

— C'est elle!...

Et sa main laisse échapper le flacon qu'il lui faisait respirer.

Johette revient alors avec un verre et de l'eau. En voyant le monsieur du premier aussi pâle que son amie, et le flacon qui est à terre, elle s'écrie :

— Ah! mon Dieu! monsieur, mais vous vous trouvez donc mal aussi, vous?... Vous êtes blême comme ma pauvre Emma!...

— Ce n'est rien... ce n'est rien...

— Eh bien, revient-elle, au moins?... Je vais imbiber ses tempes... Ah! je crois qu'elle se ranime... Messieurs, venez donc secourir monsieur, qui est malade aussi.

Mais les trois amis étaient très-occupés devant l'armoire, qui contenait diverses bouteilles de liqueurs. Grenouillet avait pris une tasse sur un joli cabaret de porcelaine placé à côté; il se versait d'une liqueur et la buvait, en disant :

— Il faut que je puisse juger ce qui convient à la malade... Ceci est trop fort... voyons une autre...

Alors le gros Anatole avait aussi pris une tasse, et disait :

— Je m'y connais mieux que toi... j'ai fait de la chimie... laisse-moi goûter aussi.

Le timide Adolphe, seul, ne voulait rien goûter, et disait à ses amis :

— Ah! messieurs, que faites-vous là !... ce n'est pas bien... vous buvez les liqueurs de ce monsieur... c'est comme cela que vous secourez mademoiselle Emma?

— Laisse-nous donc tranquilles! nous cherchons justement ce qui peut lui être bon et la faire revenir...

Enfin Emma se ranime; elle porte ses regards autour d'elle et les baisse bientôt en rencontrant les yeux de M. Dauberton, qui semblent épier la moindre de ses sensations.

— Où suis-je donc? dit-elle en se tournant vers Joliette qui lui presse les mains.

— Chez monsieur... du premier, qui t'a vite emportée ici, où il y avait tout ce qu'il faut pour secourir un malade... Ma pauvre amie... tu m'as fait bien peur... se trouver mal comme cela!... Es-tu revenue?...

— Mon Dieu!... je me rappelle à présent... ce

n'est pas un rêve !... on l'a rapporté blessé mortellement !... Ah ! courons...

— Eh bien, Emma, où vas-tu donc ?... Tu ne remercies même pas monsieur...

Mais Emma n'écoute rien ; elle repousse Joliette ; elle passe devant tout le monde. Elle est partie avec la promptitude d'un éclair.

Joliette se tourne vers M. Dauberton qui n'a pas fait un mouvement pour retenir Emma.

— Ah ! monsieur, pardonnez à mon amie son impolitesse ; mais, en ce moment... elle a au cœur un si profond chagrin...

— Je lui pardonne très-volontiers, mademoiselle ; d'ailleurs, je la reverrai... Oh ! il faut absolument que je la voie... que je lui parle... il s'agit de son sort... de sa fortune à venir... J'espère qu'elle voudra bien m'écouter.

Joliette salue M. Dauberton et se tourne vers ses trois voisins. Adolphe se tenait immobile dans un coin, regardant, sans oser la porter à ses lèvres, une tasse pleine de chartreuse que Grenouillet l'avait forcé de prendre, mais les deux autres continuaient à goûter les liqueurs.

— Que faites-vous donc là, messieurs ? Comment !... vous buvez les liqueurs de monsieur... Voilà qui est sans gêne.

— Permettez, mademoiselle, ce n'est pas pour boire de ces liqueurs que nous y goûtons, c'est seulement pour savoir laquelle serait meilleure pour la santé de mademoiselle Emma... et monsieur excusera...

— Non-seulement je vous excuse, messieurs, mais je suis heureux si vous trouvez là quelque chose qui vous plaise... De grâce, usez-en... et toutes les fois que le désir vous en prendra... venez m'honorer de votre visite.

— Trop bon, monsieur.

— Vous êtes trop aimable ! dit Grenouillet, et je me félicite, monsieur, d'avoir fait votre connaissance.

Joliette est déjà partie, les trois jeunes gens se décident, quoique à regret, à en faire autant.

— Qu'est-ce qu'on disait donc que ce M. Dauberton était un ours ! dit Grenouillet. Mais il est charmant au contraire... c'est un homme dont je veux cultiver la connaissance... Adolphe, nous irons dîner chez *Peters*, ma fièvre d'accouchement m'a fatigué... j'ai besoin de me refaire... D'ailleurs il y a longtemps que tu n'as régalé.

Adolphe, qui avait fini par avaler sa tasse pleine de chartreuse, s'incline d'un air soumis, et le gros Anatole s'attache à son bras, en disant :

— Mes enfants, quand il y en a pour deux, il y en a pour trois.

XVIII

ESPOIR — IMPATIENCE

M. Dauberton éprouve un sentiment de bonheur qu'il n'avait pas ressenti depuis longtemps: il a retrouvé sa fille, pour lui ce n'est plus un simple espoir, c'est une certitude. La ressemblance frappante d'Emma avec la jeune femme qu'il avait rendue mère, lui avait déjà fait concevoir des soupçons que les réponses qu'on lui avait faites n'étaient point de nature à dissiper. Il cherchait sans cesse par quel moyen il pourrait obtenir une preuve qui lui ôterait jusqu'au doute; l'occasion venait de se présenter, il s'était hâté de la saisir, et il avait vu sur le bras gauche d'Emma cette lettre que Lucia avait imprimée sur le bras de son enfant.

Il restait bien encore le petit médaillon renfermant quelques mots de sa mère. Mais Dauberton ne doute pas que ce médaillon ne soit entre les mains d'Emma et il compte bien qu'elle consentira à le lui montrer.

Après avoir laissé s'écouler quelques heures pour donner à la jeune ouvrière le temps de se remettre, M. Dauberton monte jusqu'au cinquième étage et va frapper doucement à la porte d'Emma. On ne lui répond pas, il frappe de nouveau, aussi inutilement. Il va alors cogner à la porte à côté, espérant que celle qu'il brûle de voir est chez son amie, mais là il n'est pas plus heureux. Il était alors cinq heures du soir, M. Dauberton présume que les jeunes filles sont retournées à leur ouvrage, il faut donc qu'il attende le moment de leur retour; il maudit ce contre-temps et descend chez le concierge lui demander si en effet la jeune Emma est sortie.

Altamort Roch se montrait très-respectueux avec le locataire du premier, qui payait grassement les services que lui rendait le concierge et avait toujours l'argent à la main pour la plus minime commission qu'il faisait faire. Il s'incline donc devant M. Dauberton en répondant :

— Monsieur désire s'informer si la demoiselle Emma du cinquième est absente?... C'est bien la jeune Emma, ce n'est pas son amie mamzelle Joliette que vous demandez..., entendons-nous bien !

— Oui, c'est Emma, la plus jeune de ces jeunes ouvrières.

— Au reste, je ne pourrais pas répondre plus pour l'une que pour l'autre, ayant été obligé de sortir dans la journée pour me rendre chez le commissaire, à la requête de madame Pondérant, pour affirmer que le sieur Grenouillot, mon locataire du quatrième, s'est rendu chez la sage-femme, déguisé en personne du sexe, et feignant d'être enceinte, le tout pour mettre au monde un nègre en cire... en foi de quoi j'ai déclaré que je n'en savais rien, parce que tout cela s'est passé au-dessus de moi.

— Mais, monsieur Roch, je ne vous demande pas cela... je veux savoir...

— Si mamzelle Emma est sortie...? Justement j'y arrive : si je n'étais pas là, mon épouse y était, nous allons l'interroger. Holà! Pulchérie... Quitte un peu ton gras-double, et viens répondre à mes interpellations.

Pulchérie arrive, la bouche pleine et armée d'une fourchette.

— Ah! salut, monsieur Dauberton... vous avez besoin de moi?

— Pulchérie, tu n'as pas quitté la loge?...

— Pas seulement pour me moucher...

— Monsieur Dauberton voudrait savoir... ne gesticule donc pas tant avec ta fourchette... tu as manqué de me l'envoyer dans le nez... monsieur veut savoir si mamzelle Emma est sortie...

— La petite Emma?... oui, oui... la preuve qu'elle est sortie, c'est qu'elle est rentrée.

— Alors elle est donc chez elle en ce moment ?

— Non, monsieur, car elle est sortie de nouveau peu de temps après, tenant un petit paquet sous son bras...

— Un paquet ? mon épouse, et que pouvait contenir ce paquet ?

— Dame, je ne sais pas, je ne l'ai pas visité, moi !

— A la rigueur tu en avais le droit !...

— Enfin mademoiselle Emma est sortie de nouveau, et elle n'est pas rentrée cette fois ?... vous en êtes certaine, madame !

— Oh ! oui, monsieur, j'en suis bien sûre.

— Il suffit... Pardon de vous avoir dérangé... je dînerai chez moi... allez le dire chez le traiteur... et si cette jeune fille rentrait, veuillez m'en prévenir aussitôt.

M. Dauberton accompagne ces paroles d'une pièce de cinq francs qu'il met dans la main de Pulchérie, qui fait alors une si belle révérence, qu'elle en laisse tomber sa fourchette, tandis que Altamort s'écrie :

— Monsieur ne fait pas dire au traiteur ce qu'il veut manger pour son dîner ?

— N'importe !... ce qu'il voudra !...

— Suffit, monsieur, je lui recommanderai de soigner ses plats.

M. Dauberton dîne chez lui ; il y passe la soirée. Chaque fois que l'on referme la porte de la rue, il tressaille, espérant que c'est Emma qui rentre. Mais neuf heures ont sonné, puis la demie, et la jeune fille n'est pas rentrée. Un peu avant dix heures il entend quelqu'un qui monte l'escalier, en fredonnant un refrain ; il reconnaît la voix de Joliette. En effet, le concierge monte bientôt lui dire :

— Monsieur, mamzelle Emma n'est pas rentrée, mais voilà son amie, mamzelle Joliette qui rentre. Si ça vous revenait au même...

— Merci, monsieur Roch, non ce n'est pas la même chose, c'est à la jeune Emma que j'ai à parler. Cela est très-important.

— Je m'étonne que cette jeunesse ne soit pas rentrée avec son amie, dix heures ont sonné. Elle n'a pas l'habitude de revenir seule si tard ; vous me direz : la fillette est frivole de sa nature... Aujourd'hui elle se tient bien, demain ! va te faire fiche ! c'est pas ça !... elle prend sa volée. Je l'attendrai jusqu'à *minuit*, mais pas un centime de plus ! c'est la consigne que je me suis donnée.

M. Dauberton attend encore une demi-heure, mais alors ne pouvant plus résister à son impatience, il se décide à monter chez Joliette. Celle-ci étant l'amie intime d'Emma, il espère savoir par elle ce que cette dernière est devenue.

Joliette n'était pas couchée, non pas parce qu'elle attendait son amie, elle savait bien où elle pouvait être, mais les divers événements de cette journée l'avaient beaucoup occupée et elle remettait en ordre les vêtements féminins qu'elle avait prêtés à Grenouillet. En entendant frapper chez elle si tard, elle croit que c'est son facétieux voisin qui veut causer avec elle, et répond :

— Monsieur Grenouillet, je vous ai prévenu que je ne vous ouvrirais pas quand vous seriez seul... D'ailleurs je vais me coucher. Bonsoir.

— Ce n'est pas M. Grenouillet, mademoiselle, c'est moi, Dauberton, qui désire vous entretenir un moment au sujet de votre amie... la jeune Emma... Il s'agit de choses fort importantes.

En reconnaissant la voix du locataire du premier, Joliette se décide à ouvrir.

— Pardonnez-moi, mademoiselle, de venir vous déranger si tard, dit M. Dauberton, mais quand vous connaîtrez le motif qui me fait agir, je pense que vous me pardonnerez...

— Mon Dieu, monsieur, il n'y a pas de mal; il s'agit d'Emma, m'avez-vous dit ?

— Oui, mademoiselle. Mais d'abord veuillez me répondre. Savez-vous où elle est en ce moment?... car elle ne rentre pas et son absence m'inquiète !...

— Oh! monsieur, je ne suis pas inquiète d'elle... je suis à peu près sûre qu'elle est près... d'une de ses amies qui est malade... et sans doute elle veillera cette nuit près de... cette personne.

— Ah! vous me rassurez, mademoiselle, et je suis heureux de vous entendre. Le vif intérêt que je porte à cette jeune fille vous étonne sans doute ?

— En effet, monsieur... cela me surprend un peu...

— Vous cesserez d'être surprise lorsque vous connaîtrez la vérité, et je vais vous la dire. Je vais vous révéler un des secrets de ma vie... une grande faute de ma jeunesse...

— Mais, monsieur, je ne vous demande rien...

— Et moi, mademoiselle, je tiens à ce que vous sachiez tout. Vous aimez bien Emma, n'est-ce pas ?

— Oh! oui, monsieur... comme si j'étais sa sœur !

— Eh bien, vous me seconderez quand vous saurez qu'il s'agit de sa fortune... de son sort à venir... de lui donner une riche position dans le monde...

— Il serait possible! ma pauvre Emma!... Ah! parlez... parlez, monsieur...

Joliette présente une chaise à M. Dauberton, qui s'assoit et reprend aussitôt :

— Mademoiselle, j'ai dans ma jeunesse aimé beaucoup le plaisir... et comme la plupart des hommes je l'ai cherché dans les intrigues d'amour... Rassurez-vous ! je vous ferai grâce de mes folies, il vous suffira de savoir que j'eus pour maîtresse une nommée Lucia Gourdet. Sage jusqu'alors, Lucia céda à mes vœux, à mes serments... elle devint mère... et moi... je cessai de la voir... je l'abandonnai !...

— Ah! monsieur !... et votre enfant?

— C'est pour lui surtout que je fus bien coupable... car on peut être infidèle, on peut cesser d'aimer ! mais on ne saurait cesser d'être père. Lucia m'envoya cet enfant... et je le repoussai, je le renvoyai à sa mère sans rien faire pour lui !...

— Ah! monsieur... vous étiez donc bien malheureux alors?...

— Non, mademoiselle... j'étais riche... Ah! je fus bien infâme, n'est-ce pas?... Je reçus bientôt une lettre de Lucia; elle me marquait qu'elle avait mis sa fille aux Enfants trouvés...

— Quel malheur!

— Lucia avait un caractère fier, résolu... Elle me prévenait en même temps qu'elle avait imprimé la lettre L sur le bras gauche de sa fille, au-dessus de la saignée...

— Ah! c'est singulier... j'ai vu cette marque sur le bras d'Emma!

— Et lui avait attaché au col, un petit médaillon en verre, dans lequel était un papier, sur ce papier elle avait écrit... quelques mots... qu'elle me répétait...

— Un petit médaillon en verre?... Emma en a un... il contient un petit papier plié... Emma m'a montré quelquefois ce médaillon en me disant : — Voilà tout ce qui me vient de ma mère... — Et le papier, lui ai-je dit, qu'est-ce qu'il y a d'écrit dessus?... — Ce sont ses dernières volontés, mais je ne dois les révéler à personne... »

— Ah! mademoiselle, vous voyez bien que je ne me suis pas trompé... Emma est ma fille !

— Votre fille !... il se pourrait !...

— Oui, oh! c'est bien ma fille, l'enfant de Lucia que j'ai si indignement repoussé, et que maintenant je brûle de reconnaître, de presser dans mes bras. La première fois que je vis Emma, je fus tellement frappé de sa ressemblance avec Lucia, que je conçus déjà quelques soupçons sur son origine... Je m'informai... je ne reçus que des réponses vagues... mais vous-même, mademoiselle, ne savez-vous pas, par votre amie, qu'elle fut élevée par la charité ?

— Oh! non, monsieur; Emma ne m'a jamais dit cela... car elle est fière et ne voudrait pas que l'on sût qu'elle fut abandonnée par ses parents. Seulement, lorsque je la questionnais sur sa famille, j'avais remarqué qu'elle me répondait tantôt d'une façon, tantôt d'une autre... Mais comme cela paraissait beaucoup la contrarier lorsque je revenais sur ce sujet, j'avais pris le parti de ne plus lui parler jamais de ses parents.

— Maintenant que vous savez qu'il s'agit de lui rendre un père... une fortune, vous me seconderez, n'est-ce pas, mademoiselle? Si vous saviez combien il me tarde de réparer mes torts... de nommer Emma ma fille !... Ah! le ciel m'a bien puni de cette faute de ma jeunesse ! Marié deux fois, je fus deux fois veuf, et j'ai perdu tous les enfants que le mariage m'avait donnés. Voilà la cause de cette tristesse qui me faisait fuir le monde, ou bien courir dans les guinguettes, dans les bals publics, où j'aurais voulu interroger chaque jeune fille qui pouvait avoir l'âge de celle que je cherchais.. Aujourd'hui l'évanouissement de votre amie m'a procuré l'occasion d'éclaircir mes doutes... j'ai vu la marque à son bras... j'ai reconnu ma fille... et depuis ce temps je ne vis plus, je ne respire plus!... Je n'aurai plus de repos que je ne l'aie pressée dans mes bras en lui disant : Je suis ton père!... Vous me seconderez, Joliette, n'est-ce pas?... Vous m'aiderez à conquérir le cœur de ma fille?...

— Dame, monsieur, il me semble..., lorsque Emma sera certaine que vous êtes son père, cela doit aller tout seul...

— Où est-elle en ce moment?... Vous connaissez sans doute la personne près de laquelle elle veille... est-ce loin d'ici?

Joliette hésite un instant puis répond :

— Je n'en sais rien, monsieur. Emma m'a quelquefois parlé de cette amie-là... mais je n'ai jamais su où elle demeurait.

— Quel fâcheux contre-temps!... Ainsi je ne puis encore la voir, me rapprocher d'elle !... Enfin, elle reviendra... il faudra bien qu'elle revienne... et vous lui direz, n'est-ce pas, mademoiselle Joliette, vous lui direz combien il me tarde de la nommer ma fille?...

— Oui, monsieur, je lui raconterai tout de suite ce que vous m'avez dit.

M. Dauberton rentre chez lui ; Joliette se couche ; la nuit se passe et Emma n'est pas rentrée.

Le lendemain matin, devant la loge du concierge, quelques locataires ne se gênaient pas pour faire leurs réflexions et tenir quelques propos méchants sur la jeune ouvrière qui avait passé la nuit dehors. M. Roch ne cessait pas de répéter :

— Je l'ai attendue jusqu'à *minuit* sonné, cette jeunesse, même que Pulchérie m'a crié plusieurs fois : « Mais, Altamort, viens donc te coucher, bon ami ; j'ai besoin que tu me réchauffes!... » Vraiment, j'aurais eu belle à attendre plus longtemps ! la jeune fille n'est pas rentrée de la nuit !...

— Pour une personne que l'on citait comme un modèle de sagesse... ce n'est pas mal débuter !... dit d'un air ironique la grosse chemisière du troisième...

— Que diable voulez-vous ! s'écrie le gros Anatole, qui s'arrête dans la cour pour regarder si son pantalon ne fait pas un faux pli, il arrive un moment où le cœur devient tendre... Celui de la jeune Emma se sera attendri cette nuit... et... ma foi !...

— Tu es un imbécile ! dit Grenouillet, qui descendait l'escalier sur lequel il avait causé longtemps avec Joliette. Parce qu'une jeune fille passe une nuit hors de chez elle, pourquoi supposer tout de suite qu'elle a cessé d'être honnête, lorsque c'est peut-être pour rendre un service, pour veiller près d'un malade qu'elle s'est privée de repos ? mais non, on aime toujours mieux soupçonner le mal que le bien, et les bons antécédents d'une personne ne suffisent pas pour la mettre à l'abri de la calomnie !

— Bien, très-bien, monsieur Grenouillet, dit M. Dauberton, qui avait tout entendu d'une de ses fenêtres qui donnait sur la cour ; vous défendez mademoiselle Emma, et vous avez raison, car c'est à tort que l'on pense mal de cette jeune fille... Mais faites-moi donc l'amitié d'entrer un moment chez moi, goûter de la chartreuse verte... que je viens de recevoir.

— Avec le plus grand plaisir, monsieur Dauberton je suis très-flatté de cultiver votre connaissance.

XIX

LA JEUNE GARDE

On doit se rappeler que Emma, en reprenant sa connaissance, après avoir été assez longtemps évanouie chez M. Dauberton, avait vivement repoussé Joliette, qui cherchait à la consoler, et, sans même lui répondre, était partie comme un éclair.

La jeune fille n'a qu'une pensée, qu'un but ; on vient de lui apprendre que l'on avait rapporté chez lui Reginald, blessé dangereusement. C'est donc dans la maison habitée par Reginald qu'elle se rend. Là elle s'adresse à la concierge, bonne vieille qu'elle trouve essuyant ses yeux, tout en prenant du tabac.

— Madame, est-il vrai que ce jeune homme qui demeure au quatrième... M. Reginald, vient d'être rapporté ici blessé en duel... et blessé dangereusement ?

— Oui, mon enfant, c'est la vérité... vous m'en voyez encore toute bouleversée, au point que je n'en ai pas pu avaler ma soupe ! Dame ! ça vous fait mal quand on a vu le matin un jeune locataire sortir de chez lui bien portant, et puis que deux heures après on vous le rapporte quasi mort !... c'est déchirant ! et dire qu'il était allé comme ça se battre de gaieté de cœur ! Que les hommes sont fous ! Si j'avais su qu'il sortait pour ça, j'aurais envoyé des sergents de ville à ses trousses pour séparer les combattants... mais on ne peut pas se douter...

— Madame, est-ce que M. Reginald n'a personne près de lui en ce moment ?

— Il a un de ses amis, le chirurgien vient de s'en aller en me disant de chercher tout de suite une garde pour veiller près du blessé... Je vas y aller... j'attendais une voisine pour garder ma loge...

— Ah ! madame, je vous en prie, n'y allez pas ! me voilà, moi, je viens justement me proposer pour garder ce pauvre jeune homme. Oh ! soyez sûre, madame, qu'il sera bien gardé, bien veillé jour et nuit, je ne dormirai pas une minute... j'aurai bien soin de lui... je ferai exactement tout ce qu'ordonnera le médecin...

— Comment! mon enfant, si jeune, vous êtes garde-malade?

— Je ne le suis pas habituellement, madame, mais je désire l'être parce que je connais M. Reginald, qui une fois m'a sauvé la vie dans la rue, au moment où j'allais être renversée par une voiture... Ah! je serais si heureuse de pouvoir lui prouver ma reconnaissance! Madame, je vous en prie, ne lui donnez pas une autre garde que moi!

Et Emma prenait les mains de la concierge et les pressait avec force dans les siennes, et ses yeux étaient pleins de larmes.

— O ma chère enfant, puisqu'il en est ainsi, je le veux bien, moi. Après tout, autant vous qu'une autre, et mieux vous qu'un autre puisque vous vous intéressez tant à mon locataire, qui est un bien bon jeune homme en effet. Alors voilà ma commission faite. Est-ce que vous pouvez monter tout de suite?

— Je vais retourner chez moi prendre ma capeline et quelques effets pour la nuit... mais c'est à deux pas... je reviens dans cinq minutes... Vous entendez, madame, n'allez pas prendre une autre garde pendant ce temps-là.

— Soyez donc tranquile, mon enfant, puisque c'est convenu.

C'est alors que madame Roch avait vu Emma rentrer chez elle, et celle-ci, après avoir pris une grande capeline sous laquelle elle pouvait facilement cacher son joli visage, se disposait à se rendre près du blessé, lorsqu'elle avait rencontré son amie Joliette, qui lui avait dit :

— Où vas-tu?... Ne retourne pas sans moi à l'atelier...

— Je ne vais pas à l'atelier et tu peux prévenir la patronne que probablement elle ne me verra pas de longtemps...

— Qu'est-ce que cela signifie?... que comptes-tu donc faire?...

— Tu ne le devines pas?... il est bien mal... il va mourir peut-être... et tu me demandes ce que je vais faire!...

— Tu vas soigner M. Reginald?... mais tu n'es pas un médecin, toi?

— Il ne suffit pas d'un médecin près d'un blessé, est-ce qu'il ne faut pas près de lui quelqu'un qui veille sans cesse, qui lui donne tout ce que le médecin prescrit... une garde enfin?

— Et tu vas te faire garde-malade?

— Oui, on m'a acceptée... oh! je suis bien heureuse de le garder...

— Mais, ma chère amie, cela n'a pas le sens commun... tu vas perdre ton état... tu te fatigueras... et toi-même, qui n'es pas bien forte, tu tomberas malade. Tout à l'heure tu as été bien longtemps évanouie... tu ne t'en souviens déjà plus?...

— Joliette, tout ce que tu pourrais me dire est inutile,

quand j'ai pris une résolution je n'en change pas, mais seulement je te prie... je veux même que tu me jures de ne dire à personne ce que je fais et où je suis... Le jures-tu?

— Mon Dieu! puisque tu le veux... je ne le dirai pas... je te le promets.

— Au revoir, Joliette... Ah! je voudrais déjà être près de lui.

Puis Emma s'est rendue bien vite dans la maison en face.

— Oh! vous n'avez pas été longtemps, mon enfant, dit la portière.

— Je vais monter, madame.

— C'est au quatrième, la porte à gauche.

— Oh! je trouverai bien.

— La clef est sur la porte... si vous avez besoin de moi faut m'appeler... madame Mouton...

— Merci, merci, madame.

Emma est déjà dans l'escalier, le cœur lui bat bien fort, elle tremble en touchant cette clef qui lui ouvre le logement de Reginald; enfin elle entre, traverse une petite antichambre, puis pénètre dans ce salon que de chez elle on voit si bien. Un jeune homme sort de la chambre à coucher qui est à côté et vient à elle.

— Êtes-vous la garde qu'on attend?

— Oui, monsieur...

— Ah! tant mieux! car moi il faut que j'aille à mes

n'faires et je ne voulais pas laisser ce pauvre garçon seul...

— Comment va-t-il, monsieur?

— Ah! il ne parle pas... il ne faut pas qu'il parle... Le chirurgien qui a mis un appareil sur sa blessure ne viendra le lever que demain matin, et alors seulement il pourra dire s'il y a espoir de le sauver... Tiens... je n'avais pas remarqué... comme vous êtes jeune pour une garde-malade!

— Soyez tranquille, monsieur, je n'en soignerai pas moins bien votre ami.

— Oh! je n'en doute pas, mademoiselle. Tenez, là, sur la commode, est la potion dont vous lui donnerez une cuillerée s'il s'éveille ou s'il se plaint.

— Bien, monsieur, et ensuite...

— Ensuite le chirurgien doit envoyer un médecin... vous ferez ce qu'il ordonnera... Ah! si vous avez des drogues à faire acheter... des tisanes à faire... il y a de l'argent là, sur ce secrétaire, vous prendrez tout ce qu'il vous faudra... et aussi pour vous, car enfin il faut qu'une garde vive...

— Oh! ne vous inquiétez pas de moi, monsieur!...

— Je viendrai demain matin savoir des nouvelles...

— Monsieur... pardon, savez-vous pourquoi M. Reginald s'est battu?...

— Eh! mon Dieu! pour une femme!... et qui n'en

valait pas la peine, je le parierais !... Au revoir, je me sauve... ne le quittez pas !

— Oh ! il n'y a pas de danger, monsieur !

Le jeune homme est parti. Le premier soin d'Emma est de s'approcher du lit et de considérer le blessé. Il est bien pâle, ses yeux sont fermés, mais sa respiration est courte et semble pénible. Une de ses mains pendait hors du lit ; Emma la prend et la remet bien doucement sur le lit ; cette main est moite et fiévreuse, et pourtant la jeune garde-malade ne peut s'empêcher de la presser un peu dans la sienne, puis elle la pose très-vite en se disant :

— Mon Dieu ! qu'est-ce que je fais donc !... si j'allais le réveiller !... Il s'est battu pour une femme !... pour cette madame de Harloville, sans doute... C'était bien la peine que j'allasse la prier de venir !... J'ai peut-être eu tort !... moi, qui avais fait cela dans l'espoir de lui rendre l'amour de cette dame... Ah! l'amour, quand il est perdu, est-ce qu'on le retrouve jamais ?

Puis, entrant un moment dans le salon, elle regarde autour d'elle et va s'asseoir sur le canapé, à la place où elle voyait Reginald conduire sa maîtresse. Alors elle soupire et se dit :

— C'est ici qu'il la plaçait, cette dame, et il se mettait près d'elle... Comme il paraissait heureux !... comme il la regardait avec amour !... et elle ne l'aime plus !... c'est singulier... le cœur peut donc changer si vite !... Mais non, c'est impossible !. c'est qu'elle ne l'aimait pas... car on ne trahit pas quand on aime véritablement. Mais lui, est ce qu'il l'aime toujours?... Ah! je voudrais bien savoir cela!...

Emma est tirée de ses réflexions par l'arrivée du médecin. Celui-ci est un petit homme déjà vieux, mais vif, alerte, ayant la vue basse et la parole brève. Il regarde à peine la jeune fille qui a enfoncé sa capeline sur ses yeux et ne montre guère que le bout de son nez. Il court au malade, lui tâte le pouls, secoue la tête et dit :

— La fièvre est forte... Holà! madame la garde... pour boisson une infusion de feuilles d'oranger... très-légère! vous entendez, la mère, mais ne le faire boire que s'il le demande. Voyons la potion... c'est bien... lui en donner seulement s'il a des défaillances... vous entendez, la mère?... Le chirurgien lèvera demain l'appareil. Alors seulement nous saurons à quoi nous en tenir... qu'il ne parle pas surtout!... point de visites, mettez à la porte tous ceux qui voudraient le voir, car dans ce cas-là nos amis sont des ennemis... Il s'est battu en duel! pourquoi? le savez-vous?

— Monsieur, j'ai entendu dire que c'était pour une dame...

— Encore! et pendant que les deux rivaux se battaient, je gage que la dame se faisait faire la cour par un troisième... Ah! les niais! s'ils savaient ce que nous voyons, nous autres médecins!... Je m'en vais; je viendrai demain, après la visite du chirurgien... retenez bien ce qu'il dira!

Le médecin est parti. Emma appelle la portière : madame Mouton arrive. La jeune garde la prie de lui avoir des feuilles d'oranger.

— Et vous, mon enfant, dit madame Mouton, que prenez-vous pour vous restaurer, car enfin voilà qu'il est sept heures du soir et il faut que vous diniez?

— Oh! moi, madame, je n'ai pas faim.

— Pas faim! et vous comptez passer la nuit sans avoir rien pris! Vous n'y songez pas. D'abord, pour être en état de bien soigner les autres, il faut commencer par se soigner soi-même.

Emma réfléchit que la portière a raison. Elle consent à ce qu'on lui monte un bouillon et du pain. Madame Mouton, qui a pris la jeune garde en amitié et veut en avoir soin, se permet d'ajouter à ce menu une bouteille de vin et une aile de volaille rôtie.

Quand la portière est repartie après avoir apporté toutes les provisions, Emma se sent presque heureuse. Elle est seule chez lui, avec lui; elle va le veiller toute la nuit, elle épiera ses moindres mouvements, et elle se dit :

« Il guérira, car je le soignerai si bien qu'il ne pourra pas mourir!... »

Douce illusion de la jeunesse et d'un premier amour; vous conservez toujours l'espoir, parce que vous n'avez pas encore acquis cette triste science qu'on appelle l'expérience et qui n'est que le désenchantement.

Emma a passé toute la nuit assise au chevet de Reginald, elle n'a pas fermé les yeux un instant, et la nuit ne lui a pas semblé longue. Elle a essayé de lire un peu, mais à peine avait-elle lu quelques lignes, que ses regards se reportaient sur son malade. Deux fois, lorsqu'il paraissait respirer avec effort, elle lui a fait prendre de sa potion ; il prend ce qu'on lui donne en ouvrant à peine les yeux, et retombe ensuite dans le même état de prostration.

Mais le jour renaît, et le chirurgien doit venir le matin lever l'appareil mis sur la blessure. Emma attend ce moment avec anxiété. La portière est montée savoir comment la nuit s'était passée, et la bonne mère Mouton apporte à la jeune garde une grande tasse de café à la crème qu'elle place devant elle, en lui disant :

— Il faut bien que j'aie soin de vous, sans quoi, je crois, Dieu me pardonne ! que vous ne vous nourririez que de l'air du temps. Ah ! on voit bien que vous n'êtes pas une garde comme les autres !...

Sur les neuf heures, le chirurgien arrive. Emma frémit, le moment décisif est venu. Depuis quelques instants, Reginald avait ouvert les yeux, il regardait vaguement autour de lui, mais il n'avait pas la force de parler. Le chirurgien va droit à son lit, se fait donner par Emma tout ce dont il a besoin, puis se dispose à examiner l'état de la blessure. La jeune fille se tient à quelques pas, tremblante, respirant à peine ; elle n'ose regarder ce qu'on va faire, mais ses yeux ne quittent pas la figure du chirurgien, car c'est là qu'elle lira si elle doit craindre ou espérer. En effet, les traits de celui-ci expriment bientôt la satisfaction, et il s'écrie :

— Pas mal! ma foi... beaucoup mieux que je n'espérais... Allons, allons, nous vous sauverons, jeune homme, mais vous l'avez échappé belle... Un peu plus à gauche, et le fer perçait le poumon...

Emma est tombée sur un siége, son cœur bondit de joie et de grosses larmes coulent de ses yeux ; car nous avons des larmes pour le bonheur comme pour la peine, il y a même des personnes qui ont aussi des larmes pour mentir ; ce qui prouverait qu'en général il ne faut pas s'y fier.

Puis le chirurgien fait boire à Reginald quelques gouttes d'un cordial qu'il a apporté, et il remet le flacon à Emma en lui disant :

— Tenez, madame, vous lui donnerez quelques cuillerées de ceci dans la journée... deux ou trois, pas plus... Ensuite, le médecin verra s'il peut permettre un léger bouillon... Je reviendrai demain matin, madame, et... Ah ça! mais... ce n'est pas une garde, cela... c'est parbleu une jeune et jolie fille...

Et le chirurgien, avec ce sans-façon assez habituel aux grands praticiens, rejette en arrière la capeline qui couvrait la tête d'Emma, qui devient rouge comme une cerise et balbutie :

— Monsieur... on peut être jeune... et bien soigner un malade...

— Eh mon Dieu! ma chère enfant, je ne dis pas le

contraire... je ne professe pas, d'ailleurs, un grand amour pour les vieilles femmes ! Je trouve que mon blessé n'est pas malheureux d'avoir une garde gentille comme vous !... et je vois qu'il a été très-bien soigné !... Continuez, mon enfant, continuez... je reviendrai demain matin... Au revoir, jeune homme, ne bougez pas ! ne remuez pas ! ne parlez pas ! Ah ! vous l'échappez belle !

Après le départ du chirurgien, Emma remet sa capeline et l'enfonce sur ses yeux. Elle voudrait savoir si Reginald l'a vue et reconnue, quand elle était nu-tête; mais rien ne le lui annonce, il semble s'être endormi. La portière remonte pour savoir ce qu'a dit le chirurgien; Emma court à elle et l'embrasse en s'écriant.

— Sauvé, madame !... il guérira... voilà ce que ce monsieur a dit !...

— Ah ! quel bonheur, mon enfant ! eh bien, alors, je vas vous monter l'autre aile du poulet !...

— Mais pas à présent... je n'ai besoin de rien !

— Je vous dis que si ! Vous croyez donc que ça ne vous a pas fatiguée de passer la nuit? vous avez une petite mine de papier mâché !... Il faudra dormir dans la journée, mon enfant... je viendrai vous relayer près de notre malade.

— Mais, madame, je ne suis pas fatiguée...

— Je vous dis que je viendrai vous relayer.

Le médecin vient dans la journée, se fait rendre compte de ce qu'a dit le chirurgien, tâte le pouls à Reginald, permet un bouillon très-léger, défend que l'on parle, continue d'appeler Emma : « la mère ! » et, en sortant, va se cogner le nez dans un buffet qu'il a pris pour la porte.

Deux heures s'écoulent; Reginald rouvre les yeux et murmure d'une voix éteinte :

— Madame... je voudrais boire...

« Madame ! il ne m'a pas reconnue ! » se dit Emma, et, rabaissant encore sa capeline sur ses yeux, elle donne à son malade ce qu'il lui demande, puis murmure :

— Comment vous trouvez-vous?

— Bien faible... mais... pourtant...

— Ne parlez pas ! le médecin l'a défendu, mais vous guérirez, il en a la certitude... Tantôt vous prendrez un peu de bouillon.

Reginald essaye de sourire, puis referme les yeux. Emma va s'asseoir à une place d'où elle peut contempler, endormi, celui sur lequel elle s'est promis de veiller.

Dans la journée, les deux jeunes gens qui ont servi de témoins à Reginald viennent savoir de ses nouvelles. Ils sont enchantés en apprenant qu'on a l'espoir de le guérir ; Emma fait sévèrement observer la consigne, elle ne laisse pas ces messieurs entrer dans la chambre du blessé, qui d'ailleurs est endormi. Mais, lorsqu'ils causent entre eux dans le salon, elle prête l'oreille et entend ce dialogue :

— Tu sais contre qui il s'est battu?

— Oui, c'est avec Arthur Delval... Oh ! je le connais, c'est un fort bon garçon, un peu fat... Je me suis trouvé souvent avec lui en soirée.

— Eh bien, il est venu me voir ce matin, pour avoir des nouvelles de Reginald ; il serait désolé s'il mourait de sa blessure... Il m'attend aujourd'hui à la Bourse ; je suis content d'avoir de bonnes nouvelles à lui donner.

— Et la dame?

— Oh! Arthur ne veut plus en entendre parler.

Les jeunes gens sont partis.

« Il s'est battu avec M. Arthur Delval, se dit Emma. Oui, c'est celui-là qui est venu chez moi... le gendre de notre propriétaire... C'est celui-là que j'avais vu aux Champs-Élysées avec cette dame... Ils ont dit qu'il ne voulait plus en entendre parler, de cette dame... Mais, lui!... lui!... Ah! je voudrais bien savoir s'il l'aime toujours!... »

Dans la journée, la mère Mouton monte et dit à Emma :

— J'ai ma nièce qui garde ma porte... j'ai du temps à moi... allez dormir un peu dans le salon, sur la causeuse, mon enfant, deux ou trois heures, cela vous fera grand bien et vous est indispensable... Moi, je vas garder mon locataire.

Emma veut résister ; mais, malgré elle, depuis le matin elle ressent un abattement, une fatigue contre laquelle elle s'efforce en vain de lutter ; car la nature est toujours là!... la nature plus forte que toutes nos résolutions, que tout notre courage, et qui semble nous dire :

« Pauvre créature ! tu voudrais en vain ne point te soumettre à mes lois ! Je suis la plus forte ! et quand tu essayes de te révolter, je n'ai qu'à me faire sentir, pour te rappeler que tu es, que tu seras toujours mon esclave. »

XX

LES CONFIDENCES

Le sommeil a fait du bien à la jeune garde, et la portière lui apprend que pendant qu'elle reposait, Reginald a pris un bouillon et que maintenant c'est lui qui dort. Emma congédie madame Mouton et va se rasseoir près du blessé. Elle peut le regarder tout à son aise, car il repose et ne se doute pas qu'une jeune fille est près de lui, qui le contemple avec bonheur, car déjà elle croit voir sur ses traits les signes d'une prochaine convalescence.

Dans la soirée, Reginald s'adresse à sa garde et lui demande si elle a tout ce qu'il lui faut, la priant de ne se laisser manquer de rien et lui indiquant le tiroir de son secrétaire dans lequel elle peut prendre de l'argent quand elle en a besoin.

Emma remercie, ne répond que de courtes phrases et engage toujours son malade à ne point parler parce qu'il lui faut éviter la moindre fatigue. Celui-ci obéit et se tait, mais parfois ses regards s'arrêtent assez longtemps sur sa garde, on dirait qu'il cherche à voir ses traits, qu'elle lui cache avec sa capeline.

Sur les dix heures du soir, Reginald est endormi, et Emma, assise près de lui dans un grand fauteuil, va peut-être en faire autant, lorsqu'on frappe doucement à la porte. La jeune fille, qui a l'oreille fine, est sur-le-champ sur pied, et va ouvrir, persuadée que c'est la portière qui vient encore savoir si elle n'a besoin de rien.

Mais ce n'est point madame Mouton, c'est Joliette que Emma trouve sur le carré.

— Comment! c'est toi, Joliette!... pourquoi viens-tu ici... que me veux-tu donc?

— Je viens parce que j'ai des choses bien intéressantes, bien importantes à te dire... Je t'en prie, laisse-moi entrer un peu...

— Mais au moins, tu parleras bien bas, car M. Reginald dort et il ne faut pas le réveiller!

— Oh! je parlerai tout bas, je ne ferai pas de bruit!

— Viens, alors.

Emma laisse entrer son amie dans le salon, elle la

21.

fait asseoir le plus loin possible de la chambre à coucher, s'assied près d'elle et lui dit

— Eh bien, parle maintenant.

— Ma chère Emma, tu ne te doutes pas du bonheur qui t'attend ! Tu vas être riche... tu vas changer de position... tu pourras te mettre comme ces belles dames dont nous admirions quelquefois les jolies toilettes !...

— Je ne te comprends pas, Juliette ; explique-toi donc.

— Écoute... mais d'abord, ne te fâche pas de la question que je vais te faire... tu sais bien que je suis ta véritable amie ! et réponds-moi franchement : as-tu connu ton père et ta mère ?

— Non... j'ai été abandonnée par eux, et mise dans cette grande maison où l'on porte tous ces pauvres enfants qui, comme moi, sont élevés par la charité. Tu comprends que l'on n'aime pas à dire cela, quand on a dans le cœur quelque fierté. Voilà pourquoi, même à toi, je l'avais caché.

— Oh ! tant mieux ! tant mieux... Si tu savais !... Ah ! tu possèdes un petit médaillon en verre que l'on avait attaché à ton col... et dans lequel il y a un petit papier sur lequel sont écrits quelques mots... par ta mère ?

— Oui ; mais qui t'a rappelé tout cela ?... car je crois te l'avoir dit une fois...

— O ma bonne amie !... celui qui m'a demandé

tout cela, c'est quelqu'un qui te cherche depuis longtemps... qui brûle du désir de t'embrasser, de te rendre bien heureuse... c'est ton père, enfin!...

Emma pâlit, puis elle balbutie :

— Mon père!... tu connais mon père, toi?

— Oui, c'est ce M. Dauberton, qui loge au premier, dans notre maison... Déjà il t'avait remarquée, car il paraît que tu ressembles beaucoup à ta mère... Voilà pourquoi il te regardait sans cesse... te guettait toujours... Ah! si tu savais combien il est heureux de t'avoir retrouvée!...

— Mais qui a pu faire penser à ce monsieur que je pouvais être cette... fille qu'il cherchait?...

— Le signe... c'est-à-dire la marque que tu portes au bras gauche... Quand tu t'es trouvée mal hier, et qu'on t'a portée chez lui, il a profité de ton évanouissement pour relever ta manche, regarder ton bras; alors il n'a plus douté... Le soir il espérait te voir... Mais tu n'y étais pas... Il est venu chez moi, m'a questionnée sur toi, m'a demandé surtout si tu possédais un petit médaillon en verre, renfermant un papier...

— Et tu lui as dit que oui?

— Sans doute, puisque c'est la vérité...

— Tu as eu tort... il y a de ces vérités qu'on a le droit de cacher... J'espère au moins que tu n'as pas dit à ce M. Dauberton où j'étais...

— Non... tu m'avais fait jurer de ne point le dire;

mais à présent je pense que tu voudras bien que je le lui dise...

— A présent plus que jamais je te défends de le dire...

— Quoi !... même à ton père?

— Ce monsieur n'est pas mon père.

— Comment! tu ne veux pas que M. Dauberton soit ton père, quand il en est certain... quand il en a les preuves?...

— Non, te dis-je, j'ai été lâchement abandonnée par mes parents... je n'ai point de père! je ne veux pas en avoir, je ne reconnais plus à personne le droit de me donner ce titre... Et je ne fais, en agissant ainsi, que suivre les ordres de ma mère... qui sans doute avait cruellement à se plaindre de ce monsieur, qui aujourd'hui veut bien que je sois sa fille...

— Mais, Emma, réfléchis donc... on peut faire des fautes et se repentir... Songe à cette fortune qui serait ton partage...

— Ah! que tu me connais mal! Est-ce que j'aime l'argent, moi?... De grâce, plus un mot de tout ceci... Et souviens-toi que si tu dis où je suis, de ma vie je ne te parlerai...

— Allons... cela suffit, puisque tu le veux ainsi... Mais je n'aurais jamais pensé...

— Assez... il est tard..; mon malade pourrait se réveiller; va-t'en, Joliette, tu me reverras quand il sera tout à fait guéri.

— Je m'en vais, puisque tu le veux... Mon Dieu ! moi qui croyais te rendre si heureuse en t'apprenant que tu avais un père... un père bien riche... qui est si content de retrouver sa fille !...

— Il ne l'a pas retrouvée... il ne la retrouvera jamais.

— Ah ! tu réfléchiras, Emma...

— Je crois que M. Reginald s'éveille... Va-t'en, va-t'en... Et si tu veux que je sois toujours ton amie, plus un mot sur ce sujet !...

— Quelle singulière fille tu fais !... Eh bien, c'est fini... je m'en vais...

— Embrasse-moi...

— Ah ! c'est bien heureux que tu veuilles encore m'embrasser.

Les deux amies s'embrassent, puis Joliette part, et Emma revient prendre sa place près de Reginald, qui ne s'était pas éveillé. Là, seule, près de celui qu'elle aime, elle a le temps de penser, de réfléchir à ce que Joliette vient de lui apprendre, mais le résultat de ses réflexions ne fait que l'affermir dans sa résolution, qui du reste était prise depuis longtemps. Car dans les actes les plus importants de leur vie, les personnes qui semblent les plus timides sont souvent celles qui montrent le plus de caractère.

Le lendemain, le chirurgien est revenu, il est toujours très-satisfait de l'état du blessé, et en sortant félicite la jeune garde pour les soins qu'elle donne à son malade ; il accompagne ces mots d'un sourire malin, en ajoutant qu'il la recommandera à ses clients. Mais Emma s'empresse de répondre :

— Oh! non, monsieur, c'est inutile! J'ai bien voulu garder M. Reginald, parce que je le connaissais un peu... Mais je n'en garderais pas d'autres!

— Parbleu, mon enfant, j'en étais bien sûr, mais c'est cela que je voulais vous faire dire... C'est votre cœur qui vous a conduite ici... Très-bien, il n'y a pas de mal à cela.

Emma rougit et n'ose rien répondre à ce monsieur qui devine si bien. Quant au médecin, il continue d'appeler Emma : « la mère, » et en s'en allant, de se cogner contre le buffet.

Sept jours se sont écoulés : Reginald marche vers sa convalescence. Cependant il ne peut pas encore quitter le lit; mais on lui permet maintenant de causer un peu. Il a reçu les visites des deux jeunes gens qui lui ont servi de témoins, et de quelques autres de ses amis. Chaque fois qu'il arrive du monde, Emma s'empresse de quitter la chambre de son malade, elle sent bien qu'il serait indiscret à elle de rester là pour écouter la conversation de ces messieurs; plusieurs fois aussi elle a frémi au son de la sonnette et s'est dit : « Mon Dieu! si c'était elle! si elle revenait le voir !... » Mais elle se rassure en voyant le temps s'écouler, puis elle se dit: « Elle n'a pas même envoyé demander de ses nouvelles... J'avais tort de craindre; elle ne reviendra pas. »

Devant Reginald, Emma a jusqu'à présent gardé cette capeline qui cache en grande partie ses traits; mais elle s'aperçoit que depuis quelques jours il la suit des yeux, et semble l'examiner avec plus d'attention... Enfin un soir, lorsqu'ils sont seuls tous deux, il se décide à lui dire :

— Madame... il me semble que je vous connaissais avant que vous ne vinssiez me garder... Je ne puis pas bien me rappeler... et puis vous avez une coiffure qui ne permet pas de voir tous vos traits... Vous devez avoir trop chaud avec cela... Ne l'ôtez-vous donc jamais?...

Sans rien répondre, Emma rejette en arrière ce qui cachait ses jolis traits. Reginald pousse un léger cri en disant :

— Ah! oui... je ne me trompe pas... je vous reconnais...

— Vous me reconnaissez?... Quoi! monsieur, vous vous souvenez un peu de moi?...

— Oui, mademoiselle... Et moi qui vous appelais madame... qui, dans les premiers jours que vous étiez ici, vous croyais vieille!... Oh! mais ensuite, j'ai deviné que vous ne l'étiez pas... C'est vous qui demeurez en face de moi... au cinquième étage?...

— Oui, monsieur, et c'est à moi que vous avez sauvé la vie un jour, en me faisant éviter le choc d'un omnibus...

— Mademoiselle, vous avez attaché trop d'importance à une action que tout autre aurait faite comme moi! Mais par quel hasard me servez-vous de garde-malade?

— Parce qu'en apprenant qu'on venait de vous rapporter chez vous blessé dangereusement, ma première pensée fut de tâcher de vous être utile... de vous soigner... Est-ce que cela vous fâche, monsieur?

— Ah! je serais bien ingrat si cela me fâchait!... Vous avez eu si soin de moi!... Je me suis même aperçu, les premiers jours, que vous pleuriez en me regardant... Car je ne pouvais pas parler... mais je pouvais voir... Ah! mademoiselle, vous êtes bonne, vous! vous êtes sensible... et cela est si rare de rencontrer quelqu'un qui nous aime!...

— Vous devez cependant avoir souvent rencontré cela...

— Non... Tenez... mademoiselle, je suis né avec un cœur qui ne demande qu'à s'attacher, mais qui se laisse prendre trop vite aux plus légères marques d'affection... Je vois bien que c'est un tort...

— Alors vous ne croirez plus aux témoignages.. d'affection qu'on vous donnera?...

— Je tâcherai... Ah! mademoiselle, cela fait tant de mal d'être trahi par une personne que l'on aimait véritablement!... Vous ne pouvez pas comprendre cela, si vous n'avez pas aimé... ou si vous n'aimez pas quelqu'un!...

— Si, monsieur, si... j'aime... c'est-à-dire j'ai aimé... Enfin, je comprends très-bien.

— Voilà deux fois que cela m'arrive, à moi, et ce pendant je n'ai que vingt-six ans...

— Ah ! vous avez aimé deux fois ?...

— Oui, aimé véritablement, car je ne nomme pas amour ces amourettes aussitôt dénouées que formées... La première fois... mais, mon Dieu ! je vous parle de choses qui ne sauraient vous intéresser...

— Pardonnez-moi, monsieur, oh ! pardonnez-moi... tout ce qui a rapport à l'amour nous intéresse toujours, nous autres jeunes filles... Vous disiez donc : la première fois que vous avez vraiment aimé...?

— C'était une simple ouvrière comme vous, mademoiselle, elle avait vingt-cinq ans... Elle était prodigue de grandes phrases, elle avait une tête exaltée, romanesque. Chaque jour elle me menaçait de se poignarder, de s'empoisonner, si je lui faisais une infidélité, et je vous jure que je ne songeais pas à lui en faire. Je croyais avoir rencontré un phénix de constance. Mais un jour, parce que j'avais valsé, dans un bal, avec une autre qu'elle, je reçus un billet, dans lequel elle me disait : « Adieu, je vais me jeter à l'eau, à Bercy !... » J'étais désespéré. Je courus à Bercy, je m'informai tout le long de la rivière si on avait vu une dame se noyer. Et enfin je trouvai celle que je croyais dans l'eau, mangeant une matelote avec un officier de dragons !...

— Voilà votre phénix évanoui !

— Oui, mademoiselle... Cette femme-là ne valait pas mieux que les autres, elle valait même moins, parce qu'elle affectait de n'être pas coquette, et qu'au moins avec une coquette on s'attend à ce qui doit nous arriver.

— Et le second amour?

— Le second... Ah! celle-là était une dame du monde... une petite-maîtresse... Mon Dieu! c'est elle qui est cause de mon duel...

— Madame de Harloville?...

— Tiens... vous savez son nom?...

Emma demeure interdite, puis elle balbutie :

— Je sais son nom... oui... parce que... je l'ai entendu dire devant moi...

— Ah! à l'un de mes amis, sans doute?... Eh bien, cette belle dame m'avait si bien laissé voir que je lui plaisais, qu'il aurait fallu être aveugle pour ne point la comprendre... Je lui fis la cour, je fus très-bien accueilli... Elle me dit aussi qu'elle n'avait jamais connu l'amour, que j'étais le premier qui lui inspirait ce sentiment; qu'elle avait eu une foule d'adorateurs, mais qu'elle n'en avait jamais écouté un seul. Je la crus, je ne demandais qu'à croire!... Et puis elle est fort jolie... je me laissai aller au plaisir d'avoir une maîtresse que chacun admirait. J'en devins très-épris... je croyais être payé de retour, mais avec celle-ci mon illusion ne fut pas de longue durée. Elle venait me voir souvent d'abord... puis moins...

— Oui, puis beaucoup moins.

— Vous savez cela aussi ?...

— Ah !... comme je demeure en face de vous... de ma fenêtre j'ai vu plus d'une fois cette dame...

— Vous avez pu remarquer ensuite qu'elle ne venait plus du tout... Et moi, qui prends follement l'amour à cœur, je tombai malade d'ennui, de chagrin !

— Je l'ai bien vu aussi ; vous passiez des journées assis près de la fenêtre, dans votre fauteuil ; et vous étiez si pâle ! si pâle... Ah ! cela me faisait bien de la peine !...

Reginald regarde quelques instants la jeune fille, puis il reprend :

— Cependant elle vint un jour me voir, quand je ne l'attendais plus. Ah ! je crus l'avoir soupçonnée à tort... je me sentis renaître... mon bonheur fut de courte durée ! Elle me quitta bien vite en me promettant de revenir ; mais elle ne revint pas. Alors je voulus savoir si elle n'était pas malade... Imbécile que j'étais ! Chez elle, je provoquai une explication... je voulais qu'elle m'avouât franchement qu'elle ne m'aimait plus. Mais les femmes dans ce cas-là ne veulent jamais être franches. Tromper est pour elles un si grand besoin, qu'elles continuent, alors même que cela n'est plus nécessaire. Enfin, celui qui me remplaçait arriva...

— M. Arthur Delval...

— Vous savez aussi le nom de ce monsieur ? mais vous savez donc tout ?

— Ce sont vos amis qui ont nommé devant moi la personne avec qui vous vous êtes battu... et puis il se trouve que ce monsieur est le gendre de notre propriétaire...

— Enfin, j'étais furieux de me voir supplanté... je provoquai ce monsieur... j'eus tort, je le sens bien à présent, car en devenant l'amant de cette dame, il faisait ce que tout autre eût fait comme lui... Bref, nous prîmes rendez-vous, nous nous battîmes, vous savez quelle en fut la suite...

— Oh! oui, une blessure qui pouvait être mortelle. En voulez-vous beaucoup à ce monsieur?

— Moi? je ne lui en veux pas du tout, je vous jure... Il a fait plusieurs fois demander de mes nouvelles et je suis tout prêt à lui serrer la main quand je le rencontrerai.

— Ah! c'est bien, cela, vous n'avez pas de rancune... Et... et... celle pour qui vous vous êtes battu... l'aimez-vous toujours?...

— Moi!... aimer encore madame de Harloville!... Oh! mais alors il faudrait donc que je fusse tout à fait imbécile!...

Emma ne peut retenir un cri de joie, sa figure rayonne de plaisir et elle murmure :

— Vous ne l'aimez plus... plus du tout?... En êtes-vous bien sûr?

— Mademoiselle, on n'aime plus les gens que l'on méprise, et une femme qui est enchantée que l'on se batte pour elle ne saurait m'inspirer un autre sentiment.

— Ah! vous avez raison... c'est vrai... vous ne devez plus l'aimer...

— Mais il y a une autre chose que je ne m'explique pas...

— Quoi donc?

— Quand je suis allé chez madame de Harloville, je lui ai demandé pourquoi elle était revenue me faire une visite, lorsque déjà elle m'avait donné un successeur; elle m'a répondu : « Il ne fallait pas m'envoyer une jeune fille... votre voisine... pleurer et me supplier d'aller vous voir pour vous empêcher de mourir de désespoir... » Cette dame a menti assurément, car je ne lui ai envoyé personne... elle m'aura dit cela pour se moquer de moi!

Emma baisse les yeux, rougit, ne sait que dire et finit par s'écrier :

— Monsieur Reginald, voilà longtemps que vous parlez... vous devez être fatigué... vous n'êtes pas encore assez fort pour parler tant que cela... et malgré tout le plaisir que j'ai à vous entendre, il faut ne plus causer, monsieur!

Reginald sourit et répond :

— Eh bien, je me tairai. Mais alors vous parlerez, vous. Contez-moi ce qui vous regarde; j'aurai du plaisir à vous entendre... le voulez-vous?... je vous ai confié mes amours... voulez-vous me dire les vôtres?

— Mes amours ! o monsieur, je n'ai point d'amour...

— Quoi !... jolie comme vous l'êtes, pas un amoureux ?

— Non, monsieur, pas d'amoureux... et je vous jure que je ne vous mens pas!

— Je vous crois, mademoiselle, d'ailleurs vous n'avez aucun motif pour me mentir. Eh bien, parlons de vous, de vos parents, de votre famille. Si elle existe encore, votre mère doit bien vous aimer !...

Emma baisse la tête en balbutiant :

— Non, monsieur, ma mère ne m'a pas aimée! mon père non plus... je ne les ai jamais connus... je fus élevée par la pitié !...

— Ah! pardon... pardon, pauvre enfant, de vous avoir fait ces questions... si j'avais pu prévoir...

— Ce que je vous dis là, monsieur, il n'y a qu'une seule de mes amies à qui je l'ai avoué aussi ; car on éprouve une certaine honte à dire que l'on n'est qu'un enfant trouvé ; et pourtant ce n'est pas notre faute à nous, si nous avons eu des parents assez lâches pour nous abandonner...

— Non sans doute, mademoiselle, et je vous assure que je ne partage pas ce sot préjugé qui, chez certaines personnes nuit à des orphelins. Celui qui, sans nom, sans famille, sans appui, est parvenu à se créer une position honorable, ou à se faire, par ses talents, une réputation, une renommée, me semble plus digne de l'estime du monde que celui qui, né au sein de l'opulence, des grandeurs, n'a eu qu'à se laisser être heureux, et voit les dignités, les emplois, les faveurs, lui arriver, sans qu'il se soit donné aucune peine pour les mériter.

— Ah! monsieur, que c'est bien, ce que vous dites là, et que je suis contente de savoir que vous ne me méprisez pas, parce que je n'ai pas de nom de famille!

— Moi, vous mépriser!... Ah! je serais donc bien ingrat!... après tous les soins que vous m'avez prodigués... venir, à votre âge, veiller jour et nuit un malade... c'est du dévouement cela!...

— Monsieur, voilà que vous parlez encore trop... Tenez, ne causons plus... car si je parle, vous me répondez... et nous ne sommes pas raisonnables... Il est tard, il faut dormir, monsieur...

— Soit, mais demain nous causerons encore, n'est-ce pas?... Mon Dieu, je ne sais pas même votre nom!

— Emma, monsieur.

— Eh bien, à demain, bonne Emma!...

— A demain, monsieur Reginald. Oh! mais appelez-moi si vous avez besoin de quelque chose...

— J'espère bien que vous allez dormir, vous!

— Je tâcherai.

— Où couchez-vous donc?

— Dans le salon... sur la causeuse.

— Vous devez être bien mal, là?

— Par exemple ! je n'ai jamais été si bien.

Emma se rend dans le salon, où elle a établi sa couchette. Mais elle est si contente, qu'il lui est impossible de fermer l'œil, car l'extrême joie cause aussi l'insomnie, et même, ce qui est très-heureux, nous nous endormons plutôt sur un profond chagrin que sur une flatteuse espérance ; remercions-en la nature, qui ne fait pas toujours si bien les choses.

Le lendemain, il n'est pas besoin de dire que l'on cause encore, que même on ne fait que cela une grande partie de la journée. Le plus parfait accord règne entre le malade et la jeune garde. Reginald voudrait toujours que celle-ci fût près de lui.

Cependant le médecin permet au convalescent de se lever et de rester quelques heures assis dans un fauteuil. C'est avec joie que Reginald profite de cette permission. Emma aussi paraît alors bien heureuse en donnant son bras au malade, lorsqu'il commence à marcher un peu dans sa chambre. Mais tout à coup son front devient soucieux ; elle soupire.

— Qu'avez-vous, Emma? demande Reginald, qui se permet déjà d'appeler sa garde rien que par son nom, sans y ajouter « mademoiselle. » Vous voilà toute triste, est-ce que vous êtes fâchée de voir que ma santé revient?...

— Oh ! non, monsieur Reginald, j'en suis bien contente, au contraire !... Seulement je pense que bientôt vous n'aurez plus besoin de moi, et que je devrai cesser de venir...

— Oh! par exemple!... cesser de venir! me quitter, m'abandonner?... Mais vous voulez donc que ma blessure se rouvre, alors?... Car, voyez-vous, je ne suis si bien que quand vous êtes près de moi ; dès que vous vous éloignez seulement pour quelques minutes... je souffre de nouveau... Et vous voulez me quitter!... Mais je le sens, je suis un égoïste... Vous devez vous ennuyer ici, toujours seule avec moi!...

— M'ennuyer avec vous!... moi, qui n'avais pas d'autre envie... d'autre désir... moi qui...! Mon Dieu! vous me troublez... je ne sais plus ce que je dis... Mais je resterai... oh! je resterai tant que vous voudrez!...

Pour toute réponse, Reginald prend la main d'Emma et la presse tendrement dans les siennes; ce n'était pas encore une déclaration d'amour, mais ça y ressemblait beaucoup.

Trois jours après cet entretien, Reginald, qui prétextait de temps à autre quelque malaise, afin que sa garde ne songeât pas à le quitter, s'était plaint dans la soirée d'un grand mal de tête, et venait de poser sa tête sur l'oreiller, lorsqu'on frappe doucement à sa porte.

Emma a reconnu la manière de frapper de son amie. Elle voit que Reginald a fermé les yeux, et se décide à aller ouvrir. C'est en effet Joliette, qui est à la porte et lui dit :

— Je m'ennuie de ne pas te voir, moi ; tu ne viens plus même pour chercher dans ta chambre ce dont tu as besoin, tu envoies la mère Mouton faire tes commissions... Est-ce que ton malade ne va pas mieux?... est-ce que tu ne veux même pas que j'entre un moment causer avec toi?...

— Si... viens, mais à condition que tu ne feras pas de bruit, car M. Reginald vient de s'endormir... il avait très-mal à la tête...

— Mon Dieu! sois tranquille, je n'ai pas l'habitude de crier.

Joliette entre dans le salon, se campe sur une chaise, et dit à Emma :

— Maintenant, viens te mettre là, près de moi... que je te regarde à mon aise... Car je m'ennuie de ne plus te voir comme autrefois... Il faut que je me dédommage...

— Ma bonne Joliette!...

— Oui, ta bonne Joliette... que tu as plantée là... sans même l'embrasser... et tout cela pour te faire garde malade... d'un jeune homme... Mon Dieu, je sais bien que tu l'aimais... que tu en étais folle... et il ne s'en doutait guère, le pauvre garçon...

— Tais-toi, Joliette, tais-toi...

— Puisqu'il dort, il n'y a pas de danger... C'est égal... cette passion-là t'a toute changée... Tu passais tes journées à la fenêtre pour regarder chez ton voisin, et tu négligeais ton ouvrage... tu te désolais de voir ce monsieur abandonné par sa maîtresse... voilà ce que je n'ai jamais pu comprendre!...

— C'est que j'ai une manière d'aimer autre que la tienne !...

— Enfin, tu as été jusqu'à te rendre chez cette belle dame pour la supplier de retourner chez M. Reginald...

— Mais tais-toi donc, Joliette.

— Ah ! c'est que, vois-tu, je trouve que tout cela n'a pas le sens commun... Enfin, tu t'es faite garde malade !... Mais il va mieux, ce monsieur, il commence à se lever, la portière me l'a dit... Et tu restes toujours ici ? Est-ce que tu veux être garde-malade toute ta vie ?

— M. Reginald m'a bien priée de ne point le quitter encore... Après tout, ne suis-je pas ma maîtresse ? Et qui donc a le droit de contrôler mes actions ?

— Mon Dieu, ne te fâche pas... si je te dis cela, c'est par intérêt pour toi... Enfin... voyons, Emma, as-tu réfléchi ? Il y a encore quelqu'un qui te porte un grand intérêt... qui t'aime... qui veut faire ta fortune... te donner vingt mille francs de rente... car il me l'a dit !... Tous les jours il me demande si je t'ai revue... si tu reviendras bientôt... Il brûle de te nommer sa fille... car il est ton père... Oh ! tu le sais bien, et entre nous tu ne peux pas le nier !... Veux-tu donc toujours le repousser ?... Il me fait de la peine à moi, ce pauvre M. Dauberton... je ne sais plus que lui répondre...

— Joliette, je t'avais bien priée de ne plus me parler de ce monsieur...

— Je le sais ; mais j'espérais que tu aurais réfléchi; car enfin, on ne refuse pas comme cela une fortune qui nous arrive... et honnêtement !... Songe donc que, si tu étais riche, tu trouverais facilement à te marier... même avec celui que tu aimerais...

— Ma bonne amie, si j'avais pu faiblir dans ma résolution, ce que tu viens de dire là ne ferait que m'y affermir encore plus. Tu crois donc que je serais heureuse de penser que l'on m'épouse pour mon argent? et que, si j'étais restée la simple ouvrière Emma, sans nom et sans fortune, on n'aurait pas voulu de moi?... Ah! tu ne connais pas mon cœur, Joliette; il sait aimer avec passion, mais il ne se donnera qu'à celui qui lui offrira un amour aussi vrai, aussi désintéressé.

— Alors, ma chère amie, tu attendras peut-être longtemps... Puisque décidément tu ne veux pas avoir un père... adieu !

— Non, je ne veux pas d'un père qui m'a lâchement abandonnée, moi et ma mère... Car elle me l'a bien dit, elle, dans cet écrit qu'elle m'a laissé : *Ton père fut sans pitié, ne lui pardonne jamais!* Eh bien, j'accomplirai la volonté de ma mère.

— Oh! c'est différent... je n'ai plus rien à te dire. Seulement laisseras-tu toujours ce M. Dauberton se flatter de te nommer sa fille?

— Non, je sens bien qu'il faut en finir ; demain j'irai chez moi... demain je parlerai à ce monsieur.

— A la bonne heure! comme cela, j'espère qu'il me

laissera tranquille, moi !... Adieu, ma petite Emma...
C'est égal, tu fais une drôle de fille !... Ah ! s'il me
tombait une fortune, à moi ! j'épouserais peut-être
Grenouillet... qui veut absolument être mon mari...
mais il est si farceur !... Au revoir, Emma.

Les deux amies s'embrassent ; dès que Joliette est
partie, Emma retourne s'assurer si Reginald dort toujours ; celui-ci a les yeux très-bien fermés... trop bien
fermés pour un homme qui dort véritablement.

XXI

UNE JEUNE FILLE A CARACTÈRE

Joliette, en remontant chez elle, a, suivant la coutume adoptée par son voisin, rencontré Grenouillet dans son escalier; le soi-disant étudiant a tellement pris l'habitude de flâner, entre le premier et le cinquième étage, que, lorsqu'une personne le demande chez le concierge, Altamort ne manque pas de répondre :

— Voyez dans l'escalier. Si vous ne l'y trouvez pas, c'est qu'il n'est pas dans la maison.

On devient naturellement plus intime, plus confiant avec une personne qui cause avec nous tous les jours, et, dans l'abandon de la conversation, Grenouillet ayant demandé à sa voisine pourquoi le monsieur du premier étage courait sans cesse après elle dès qu'il l'apercevait, et se permettait même d'aller quelquefois frapper chez elle, le soir, où l'on ne craignait pas de le recevoir seul quelques instants, Joliette avait répondu :

— N'allez-vous pas supposer que ce monsieur me fait la cour !... Ce pauvre M. Dauberton ! comment voulez-vous que je ne lui réponde pas, quand il vient me demander des nouvelles de sa fille... quand, avec des larmes dans les yeux, il vient s'informer si j'ai revu Emma... si je sais où elle est !

Cet aveu une fois parti, Joliette avait bien été obligée de dire le reste, et tout ce qui concernait Emma, toujours sous le sceau du secret. Grenouillet avait poussé des cris d'étonnement, en apprenant que la jeune fille au teint pâle était une riche héritière; peut-être en lui-même s'était-il dit : « Pourquoi n'est-ce pas à celle-là que j'ai fait la cour! » Mais sa surprise fut encore bien plus forte, lorsque Joliette lui apprit que Emma ne voulait pas être reconnue pour la fille de M. Dauberton et qu'elle refusait le sort brillant que celui-ci voulait lui faire.

— C'est un caprice, une toquade de jeune fille ! s'était écrié Grenouillet, mais cela ne durera pas, elle acceptera, il faut qu'elle accepte; qu'elle devienne riche, pour faire du bien à ses amis... à tous ceux qui l'aiment. Ah! Dieu ! si au lieu d'une fille, M. Dauberton avait cherché un fils ! comme je me serais dé-

voué! comme je lui aurais prouvé que je devais l'être!...
D'autant plus que je ne suis pas bien sûr d'être l'enfant de mon père... Mais le hasard ne fait jamais les choses qu'à moitié.

Grenouillet sachant que Joliette est retournée parler à Emma, attendait donc son retour avec la plus vive impatience, et du plus loin qu'il aperçoit sa voisine, il lui crie :

— Eh bien! c'est arrangé, n'est-ce pas? Elle accepte cette belle fortune qu'on lui offre... Elle va nager dans l'opulence... et nous donner des dîners chicocandars!...

— Pas du tout, mon cher monsieur, elle refuse plus que jamais, et viendra demain dire à M. Dauberton qu'il se trompe, et qu'elle n'est point sa fille.

— Eh bien, alors, qu'elle me donne son petit médaillon... je vais me tatouer le bras gauche, et je persuaderai à M. Dauberton qu'on s'est trompé de sexe, et que je suis son rejeton...

— Taisez-vous, mauvais sujet... cette farce-là serait de mauvais goût.

— Mais non... elle serait admirable, au contraire... Quel mal de m'enrichir, moi, puisque cette demoiselle ne veut pas l'être?... Ça ne fait de tort à personne.

— Et votre âge, car vous avez près de dix ans de plus que Emma?... Croyez-vous que M. Dauberton s'y retrouvera?

— Ah! bigre, je n'y avais pas pensé!... Alors je n'ai plus qu'à lui proposer de m'adopter.

Le lendemain, sur les deux heures de l'après-midi, Emma s'est rendue chez elle, et M. Roch, qui l'a vue rentrer, se hâte de monter chez le locataire du premier, dont il se rappelle les ordres. Il lui crie du plus loin qu'il l'aperçoit :

— Monsieur, la jeune ouvrière du cinquième, qui était absente depuis longtemps, mamzelle Emma, enfin, vient de revenir... elle est montée chez elle...

M. Dauberton se lève avec précipitation, en s'écriant :

— Emma est revenue? elle est maintenant chez elle, dites-vous ?

— Oui, monsieur, j'en suis positivement sûr; je suis monté sur ses talons.

— Ah! merci, merci !...

Et M. Dauberton met une pièce de cinq francs dans la main du concierge, qui la reçoit en se disant :

— Voilà comme je comprends les locataires !... Mais les panés du quatrième !... ça ne mérite pas qu'on leur tire le cordon.

M. Dauberton s'est hâté de sortir de chez lui et de monter au cinquième étage. Arrivé là, il est obligé de s'arrêter avant de frapper ; son cœur bat avec force, une secrète inquiétude trouble sa joie ; il se rappelle la froideur, le ton peu aimable avec lequel Emma lui a toujours répondu, mais il se dit :

« Elle ne se doutait pas alors qu'elle parlait à son père, aujourd'hui elle ne sera plus la même avec moi... »

Enfin, il se décide, il frappe... mais la clef est sur la porte, et la voix d'Emma lui dit d'entrer.

M. Dauberton se sent chanceler en pénétrant dans cette pauvre mansarde, habitée depuis longtemps par sa fille. Emma se lève, salue respectueusement celui qu'elle sait maintenant être son père, et lui présente une chaise en lui disant :

— Veuillez vous asseoir, monsieur, car on m'a dit que depuis longtemps vous désiriez me parler...

— Oui, mademoiselle. Oh ! il me tardait de vous voir... de vous contempler tout à mon aise... car... vous ignorez... vous ne vous doutez pas de tout ce que j'ai à vous dire...

— Pardonnez-moi, monsieur, je sais tout... Joliette, que j'ai vue, m'a tout conté...

— Alors, chère enfant, vous savez que je suis...

— Je sais que vous croyez que je suis votre fille, monsieur, mais c'est une erreur, vous vous trompez, je ne suis pas celle que vous cherchez...

— Que dites-vous, mademoiselle? vous n'êtes point ma fille ! quand tout me le prouve... quand votre ressemblance avec votre mère suffirait seule pour me convaincre...

— Une ressemblance ne prouve rien, monsieur, c'est un jeu du hasard ! Vous avez vu une marque à mon bras... Cette marque, c'est une brûlure que je me suis faite moi-même il y a cinq ou six ans. On vous a dit aussi que je possédais un petit médaillon en verre, renfermant un papier sur lequel sont tracées les dernières volontés de ma mère... On se trompe encore ; le médaillon ne m'apprend sur le papier qu'il renferme que le jour de ma naissance...

— Cependant... ce n'est pas cela que vous avez dit à votre meilleure amie... à Joliette...

— On peut quelquefois se permettre un léger mensonge, pour laisser croire que notre mère s'est un moment occupée de nous.

M. Dauberton est consterné, il regarde Emma, il cherche à lire sur son visage ce qui se passe au fond de son cœur ; mais la jeune fille reste calme et ne laisse rien paraître de ce qu'elle éprouve en secret. Tout à coup M. Dauberton s'écrie :

— Eh bien, mademoiselle, par grâce, veuillez me montrer ce médaillon... et si je reconnais l'écriture de votre mère, vous ne pourrez plus douter que vous êtes ma fille... car cette écriture, vous pourrez la confronter avec la dernière lettre que votre mère m'a écrite, et que je possède toujours.

Le front d'Emma se rembrunit, elle hésite un moment, puis elle répond d'un ton très-ferme :

— Monsieur, je ne vous montrerai point ce médaillon... rien ne m'y oblige. Je vous ai dit tout ce que j'avais à vous dire... cet entretien sera le dernier que nous aurons ensemble, car, je vous le répète, vous devez cesser de me regarder comme votre fille.

— Ah ! je vous comprends, mademoiselle !... dit M. Dauberton, en se levant et cherchant à retenir les larmes qui étouffent sa voix. Si j'avais pu douter encore... je serais fixé maintenant !... Ce sont les dernières volontés de votre mère que vous exécutez en ce moment... elle vous a écrit : « Ton père fut sans pitié, ne lui pardonne jamais!... » et vous lui obéissez... Ah! vous êtes bien la fille de Lucia. Adieu donc... vous, qui ne voulez pas de moi pour votre père... parce que autrefois je n'ai pas voulu de vous pour ma fille... Cette punition est bien cruelle... Mais je sens que je l'ai méritée... Adieu...

M. Dauberton est parti vivement. Emma a été un instant sur le point de le retenir, mais elle a résisté à son émotion. Cependant, lorsqu'elle est seule, des larmes coulent de ses yeux. Elle les essuie en se disant :

« J'ai obéi aux volontés de ma mère... je devais me conduire ainsi. Si M. Dauberton avait conservé les enfants qu'il a eus de ses deux femmes, il ne se serait jamais occupé de moi. J'ai donc le droit aujourd'hui de refuser de le nommer mon père. »

Emma n'a pas fait un long séjour dans sa chambrette. Elle se hâte de retourner près de Reginald, qui lui a dit :

— Si vous tardiez longtemps à revenir, je retomberais malade tout de suite.

Le convalescent, qui commence à marcher seul, se lève pour aller au-devant d'Emma, puis il se place près d'elle sur la causeuse, en lui disant :

— Votre absence m'a paru bien longue... Je souffre loin de vous.

— Mais pourtant, monsieur Reginald, je ne pourrai pas toujours rester chez vous, et alors...

— D'abord, chère Emma, ne m'appelez plus monsieur... ce titre est de trop entre nous... Ensuite... écoutez-moi... j'ai encore une confidence à vous faire.

— Vraiment... oh! parlez vite alors!

— Vous ne savez pas?... je veux me marier...

— Vous marier!

Emma a pâli, elle fait un mouvement pour se lever, Reginald la retint, en lui disant :

— Eh bien, c'est ainsi que vous m'écoutez...

— Monsieur... je ne sais ce que j'ai... laissez-moi...

— Non, pas avant que vous ne m'ayez entendu. Oui, j'ai rencontré cette fois la femme qui doit me rendre heureux... Mais restez donc là... C'est une jeune fille charmante... sans nom il est vrai... mais que m'importe?... Figurez-vous qu'elle m'aimait depuis longtemps, et je ne m'en doutais pas... Pauvre petite! elle m'aimait au point de veiller sur moi, de souffrir de mes peines... Pour me rendre l'amour d'une maîtresse qui me trahissait, elle n'a pas craint d'aller chez elle la supplier de revenir me voir...

— O mon Dieu, Reginald... que dites-vous?...

— Enfin, lorsque j'eus la sottise de me battre en duel pour cette femme, et qu'on me rapporta ici blessé, elle quitta tout pour venir s'asseoir à mon chevet, pour me veiller jour et nuit...

— Reginald!... ai-je bien entendu?... Ah! vous voulez donc que je meure de plaisir?...

— Et ce matin même, refusant les offres d'un homme qui a reconnu en elle un enfant qu'il avait abandonné... elle préfère rester la pauvre ouvrière, afin d'être bien sûre de l'amour de celui qui lui offrira sa main.

— Mon Dieu !... qui donc vous a dit tout cela?...

— On ne me l'a pas dit à moi... mais je l'ai entendu... quand Joliette est venue... hier au soir... je ne dormais pas... Ah! comme j'ai bien fait d'écouter !... Chère Emma, voulez-vous être ma femme ?

— Tant de bonheur pour moi ! y pensez-vous, mon ami ? Je n'ai ni nom, ni fortune... Car, ainsi que je l'avais annoncé à Joliette, je viens de tout refuser.

— Et vous avez bien fait. J'ai assez de bien pour vivre même sans travailler... Mais je travaillerai, car j'aime mon art avec passion. Vous aurez soin de notre petit ménage, vous y ferez régner l'ordre, l'économie; et une femme bonne et point coquette, c'est un trésor pour un mari... Vous voulez bien de moi, n'est-ce pas ?

Pour toute réponse, Emma se laisse tomber dans les bras de Reginald, qui, pour la première fois la pressé tendrement sur son cœur. Pour la première fois! vous entendez?... Tous les mariages n'ont pas d'aussi douces fiançailles.

Lorsque huit jours après les locataires de madame Tournesol apprirent que la jeune Emma allait épouser son voisin d'en face, M. Reginald, le compositeur, ce fut un concert de cris de surprise, de cancans, et de réflexions plus ou moins sottes.

— Elle s'était faite garde du jeune homme, dit Altamort Roch. J'ai su cela par madame Mouton, la portière d'en face. C'était une malice pour donner dans l'œil à son malade.

Mais M. Dauberton, qui a entendu ce propos, pince assez fortement l'oreille du concierge en lui disant :

— Vous êtes un méchant animal. Respectez cette jeune fille, qui est aussi honnête que désintéressée, sinon je vous fais chasser de cette maison. Je n'ai pour cela qu'un mot à dire au gendre de madame Tournesol.

A dater de ce moment, Altamort ne parle plus de *mademoiselle* Emma sans ôter sa casquette.

Le jour fixé pour la noce d'Emma et de Reginald, noce à laquelle Joliette et Grenouillet sont conviés, en revenant de l'église, le jeune marié reçoit un pli cacheté. Sous ce pli est une inscription de rente de six mille francs au nom d'Emma, et une lettre de M. Dauberton, contenant ces mots :

« Monsieur, vous savez à quel titre j'offre ce contrat à votre future épouse. C'est au nom de sa mère que je la prie de l'accepter, de sa mère qui peut-être aurait eu pitié de mon repentir. »

Reginald montre la lettre et l'inscription de cette rente à Emma, en lui disant :

— Vois ce que tu veux faire ?

— L'indulgence est la vertu des grandes âmes, dit Grenouillet.

— Voudrais-tu réduire ce pauvre monsieur au désespoir ? s'écrie Joliette.

Emma hésite un moment, puis enfin elle donne le contrat à son mari, en lui disant :

— Tenez, mon ami, je puis accepter maintenant, car je suis bien sûre que ce n'est pas pour cela que vous m'avez épousée.

Grenouillet dit à l'oreille de Joliette :

— Si elle avait refusé, je ne le lui aurais jamais pardonné.

Et le lendemain de la noce, il ne manque pas d'aller voir M. Dauberton, auquel il dit :

— Elle sera heureuse, très-heureuse, cette gentille Emma. Mais je vous assure que votre superbe cadeau ne nuira pas... Quand un ménage commence, et même quand il finit, il n'a jamais trop d'aisance. Maintenant il n'y a plus que cette excellente Joliette à pourvoir. C'est une bien bonne personne!... qui aime bien Emma... qui se serait jetée au feu pour elle... Je crois même que, plusieurs fois, grâce à ses soins, son amie a été revaccinée... J'aurais bien épousé Joliette, mais je n'ai que dix-huit cents francs de revenu... elle n'a pas le plus petit magot de côté... et pour se marier il en faut un... n'importe de quel côté il vienne.

— Monsieur Grenouillet, répond M. Dauberton, puisque cette Joliette fut si amie de ma fille, puisqu'elle lui a donné tant de preuves d'attachement, si vous l'épousez, je la dote de vingt mille francs...

— Ah! monsieur Dauberton, quelle générosité!... Je n'avais pas dit cela dans cette intention, mais c'est égal, j'accepte au nom de Joliette, et dès demain je fais publier nos bans.

Et, en effet, quinze jours plus tard, Joliette devenait madame Grenouillet, et, ce qu'on aura plus de peine à croire, c'est qu'une fois marié, cet homme si farceur, si bambocheur, devenait d'une sagesse exemplaire et d'une économie qui frisait l'avarice, au point de s'arrêter dans la rue pour ramasser une épingle.

Mais reposons nos yeux sur Emma et Reginald, un couple heureux, aimant, fidèle... Un ménage où les époux sont toujours amants, cela est rare! mais cela se rencontre quelquefois.

FIN

F. Aureau. — Imprimerie de Lagny

TABLE

I. Un tour d'écolier. 1
II. L'union fait le costume. 15
III. Le bal de la propriétaire. 26
IV. Le numéro 2 au bal. 38
V. Une aiguille et du fil. 48
VI. Les quiproquos. 64
VII. Tout le monde sur le pont. 74
VIII. Un amour tout seul. 84
IX. En regardant chez la voisine. 97
X. Castor et Pollux. 105
XI. L'amour sans espoir est souvent le plus vrai. . 125
XII. Souvent femme varie! 135
XIII. Le monsieur du premier. 148
XIV. Un heureux hasard. 162
XV. Une visite singulière. 174
XVI. Madame de Harloville. 187
XVII. Un accouchement laborieux. 201
XVIII. Espoir. — Impatience. 217
XIX. La jeune garde. 229
XX. Les confidences. 244
XXI. Une jeune fille à caractère. 266

Original en couleur
NF Z 43-120-8

www.ingramcontent.com/pod-product-compliance
Lightning Source LLC
Chambersburg PA
CBHW050645170426
43200CB00008B/1161